夢実現応援家®
藤由達藏
TATSUZO FUJIYOSHI

いつも「結果」を出す人のアウトプット習慣

学びを「活かす」技術

ハート出版

仕事を生産的なものにするには、

成果すなわち仕事のアウトプットを

中心に考えなければならない。

技能、情報、知識は道具にすぎない。

―― ピーター・F・ドラッカー

はじめに

なぜ、知識や情報を手に入れても人生は変わらないのか？

本書を手にとっていただきありがとうございます。

「大量のビジネス書を読んでいるけれど、何も現実が変わらない……」

「毎日、経済紙を読んでいるけれど、全然血肉になっていない……」

「読書をしてもすぐに忘れてしまうし、何も活かされていない……」

「色んなセミナーに参加しているが、学ぶこと自体が目的になっている……」

などと思ったことはないでしょうか。

今の時代、情報は無限に溢れ、スマホや本などで、ニュースや専門知識などに触れる機会も多くなりました。しかし、その一方で、手に入れた情報や知識を活かせていないと感じる人が増えているように思います。

せっかくたくさんの情報が手に入る環境で、いつでもどこでも学べるにもかかわらず、そこから成長や結果につなげている人はまだまだ多くありません。

本もすぐに手に入り、「人生を変える」と銘打たれた書籍が多く出ているにもかかわらず、なぜ、知識や情報を手に入れても私たちの人生は変わらないのでしょうか。

「学びをどう活かすか」で人生は変わる

結論から言いましょう。

「活かす」ための学び方ができていないからです。

「学んで終わり」「勉強になった」で終わってしまう人は成功できません。

どれだけ勉強しても、それを活かすための行動ができなければ、結果を出すことはできないのです。

たとえば学生時代に、英語をどれだけ勉強していたとしても、社会に出て実際に会話などで使わなければ意味がありません。もちろん、勉強したこと自体には意味があります。ほかの人が遊んでいる間に真剣に勉強する努力の経験や、英語に対する知識が増えたという意味では、決して無意味ではないでしょう。

しかし、それはあくまで勉強を頑張ったという意味でしかなく、学んだことによって何かしらの成果を出したり、人生を変えたりするような「結果」にはつながっていないということです。

勉強だけではありません。高額のセミナーや教材などを買って、ビジネススキルや稼ぐ方法を身につけようとする人がいます。しかし、一向に成果につながらない。セミナーを受講している最中は、

「すごい話を聞いた。明日から実践してみよう！」

「このノウハウを使えば、新しいビジネスができる！」

「実践していけば、人生は変わるはず！」

と高揚した気分になりますが、翌日になれば相変わらずの日常が待ち構えています。

そして、気がつけば、学んだことも、取り組もうと思ったことも、すべて忘却の彼方へ

と消えてしまうのです。

どれだけ学んでも、どうして人生が変わっていかないのか？
どうして自分を変えられないのか？

それは「**アウトプットの習慣がないから**」です。

アウトプット&インプットのサイクルを習慣化しなさい

アウトプットとは、情報の「出力」のことを指します。世界のあらゆる情報は、インプットとアウトプットによって流通しています。インプットだけでは、価値を生みません。アウトプットしてはじめて情報は価値を生むのです。

どれだけ学んでもあなたの人生が変わらなかったのは、インプットするだけで、アウトプットしなかったからです。学びを結果につなげるためには、アウトプットする習慣を身につけるだけでいいのです。

大事なのは、インプットした情報や知識、スキルを活かすこと。

学びを100%活かすための方法は、インプットしたものをアウトプットするサイクルをつくることです。

つまり、「アウトプットの習慣」にほかなりません。

アウトプットを習慣化するために大事なのは、

「呼吸するかのごとく、アウトプットとインプットのサイクルを回す」

ということです。「呼吸するかのごとく」というところがミソです。ヨーガをはじめ様々な呼吸法で言われることですが、円滑な呼吸をするコツは、息を「吸う」ことよりも「吐く」ことにあります。息を吸ってから息を吐こうとすると、深い呼吸ができません。むしろ息を吐ききることができれば、自ずと新鮮な空気が入ってきます。この原理を日々の学びに応用するのです。

つまり、**アウトプットを前提にしてインプットする。**

何を学んでも、その学びの現実化を前提にするのです。そうすれば自然と知識や情報、スキルやノウハウをアウトプットできるようになります。

何かを新たに取り入れるためには、まず自分の内側にあるものを外に出す。そうすれば必要な情報や知識が深く入ってきます。

情報や知識を取り入れれば入れるほど、溜まってくれるというわけではありません。あなたはこれまでに様々な書籍を読み、話を聞き、セミナーを受講したり、資格の勉強をしたりしてきたのにもかかわらず、それらは血肉に変わらなかったのではありませんか。

学びを結果に変えるためには、アウトプットする前提で学ぶ。アウトプットを実践するのです。学んでアウトプットすることを習慣化することで、人生は大きく変わっていくのです。

本書があなたの人生を変える一助となれば、著者としてこれほど嬉しいことはありません。ぜひ最後まで読んで、本書からの学びのみならず、あなたがこれまでの人生で学んだすべてを、これからの人生に活かしてみてください。

夢実現応援家®・メンタルコーチ　藤由　達藏

CHAPTER 01

学びだけで終わる人、学びを結果に変えられる人

CONTENTS

CHAPTER 02

結果を出す人がやっている「学び」を「活かす」思考法

CONTENTS

CHAPTER 03

行動・結果につなげるための「学び」を「活かす」学習法

CONTENTS

CHAPTER 04

「学び」を100%自分のものにする「活かす」行動法

CONTENTS

CONTENTS

CHAPTER 05

「学び」を「活かす」ための5つの習慣

IN

CHAPTER 01
学びだけで終わる人、学びを結果に変えられる人

SECTION1　１％の成功者と99％の漂流者

SECTION2　ビジネス漂流者の特徴

SECTION3　成功法則を学んでもなぜ、成功できないのか？

SECTION4　ダメな人がやっている口《くち》だけ学習法

SECTION5　学びをゴールにしている人は、
結局自分も世界も変えられない

SECTION6　結果を出す人は「学び」を
100％自分のアウトプットに変換する

OUT

SECTION 1

1%の成功者と99%の漂流者

ビジネス・サバイバルの時代

ビジネスパーソンにとって冬の時代が続いています。

世界情勢の変化や安全保障上の危機が叫ばれる中、人工知能による人間からロボットなどへの労働力の置き換えや金融技術の急激な進化などのイノベーションは、今後の先行きを読みにくくし、私たちを取り巻く環境はますます厳しくなるものと予想されます。

政府やマスメディアによって統制された情報が信じられず、そもそもネットメディアの情報が玉石混淆《こんこう》だとなれば、ますます判断が難しく、身の振り方を考えるにも神経質にならざるを得ません。

自ら情報を求め、学ぼうとする人が増えているのも頷ける話です。企業や組織に身を預けていれば安泰という時代はとっくに終わっています。

自ら知的武装していかなければ生き残れません。

その結果、早朝の出勤前や業務終了後の夜間のビジネス交流会やセミナーは大人気です。ビジネス書の中からいくつもベストセラーが生まれるくらい、「サバイバル」は依然としてビジネスパーソンの関心の中心です。

さらに過重労働や長時間労働が恒常化している組織の実態も表面化し、メンタル不調を訴える方や心身の健康が脅かされていると感じる方が増えています。食事や運動、睡眠といった生命維持の根本に興味関心が高まっているようです。

心身の不調は、あらゆる仕事の土台を突き崩してしまいます。どんなに優秀でも、どんなに努力を重ねていても心身のバランスが崩れてしまうと本来の力は発揮できません。

そこで心身の健康についての勉強も人気が高まってきており、瞑想を学んだり、ヨーガ教室に通ったり、健康についてのセミナーに通ったりする人も増えています。

ビジネス環境は、激変の最中です。去年のビジネス環境と今年のビジネス環境はすでに似て非なるものです。

昨日の成功体験が今日活かせるとは限りません。だからこそ、意識の高い人は答えのない世界を生き抜くための学習を始めています。

「活かす」人

ものの弾みで新しいジャンルの学びを始めることがあります。

たとえば、友人がヨーガ教室に通っていると聞いて自分もやってみようかなと思ったり、雑誌でビジネススキルの講座を見て申し込んでみたり、きっかけはどこに転がっているかわかりません。

そんなきっかけで学び始めて、少し経った頃「面白い！」と思えたら、学習を継続することができます。逆に、面白みを感じられないと続けられません。

きっかけはひょんなことでも、学習を継続していくと、学んでいない人との差は大きくなります。真面目に中国語を5年続けて勉強したという人は、その間に中国へ旅行をしたり、中国映画を観たりして楽しみながら、中国語を話せるようになっているかも知れません。何もしなかった人は、それらの体験の一切をしていないのです。大きく差がつくのは当たり前です。

学んだ人と学ばなかった人との間に大きな差がつくのは当然ですが、学んだ人の中にも大きな差がつく要素があります。

それが**知識やスキルを「活かす」ことをしているかどうか**です。

学んだ知識やスキルを「活かす」人は、右の中国語を学んだ人のように、中国語を使って日常生活を豊かにしていきます。

「学んでも報われない！」という悲鳴

その一方で、不安に駆られて勉強を続けているものの、芳しい成果を上げられていないとか、努力の割には結果を出せないことにもどかしさや焦りを感じている方もいます。

「長年、英語を勉強しているが一向に上達しない」

「NLP（神経言語プログラミング）を学んだが、それを使って何かしているわけではない」

「プログラミングをかつて学んだが、最新の技術を学ぶのに忙しくて仕事で活かせていない」

「資格をとったものの、資格を活かせたと思えたことはない」

「ある技術を学んだものの、実務で活かせていない。勉強にかけた金額は、まだ元を取れていない」

将来の不安に駆られて勉強してみたものの、意外にもその勉強を直接的に活かせていないという方がたくさんいます。中には、自分は活かせているという人もいます。ある技術の認定資格をとったら、その認定コースの講師役になれて、講師をやっているといいます。よく話を聞いてみると、年に2～3回講師役をやるくらいだそうです。

色々な人に聞いてみると「あれもやった。これもやった」と一人ひとりが実にたくさんの勉強をしています。勉強には時間とお金がかかります。それぞれの方が、それまでの学びを「結果」や「お金」に変えられているかと言えば、「はい」と答えられる人のほうが少ないようです。

ビジネス・サーファーとビジネス漂流者

色々なことを学びながら、業績を上げたり、ぐんぐんと頭角を現したりする人もいる一方で、何の成果を上げることもできず、次から次へと新しいことを学んでいる人もいます。

学びを活かしてビジネスの世界を渡り歩く人は、嗅覚も鋭く、時代の変化を読みながら活躍していきます。

その様は**「ビジネス・サーファー」**とでも呼ぶべき姿であり、ビジネスを楽しんでいます。

次々と新しいことを学んだとしても、活かせるモノは活かし、活かせないモノは気持ちよく捨てていきます。

一方、活かすことなく学び続けている人は、本人は時代の波を読み、次々と学んでいっているつもりでしょうが、傍から見ると時代の波にのまれて押し流されているようです。

「ビジネスマンには財務の知識が必要だ」と聞けば、財務を学び、「プレゼンのスキルが不可欠」と聞けば、プレゼンを学ぶ。「アフィリエイトが儲かる」と聞けば、アフィリエイトを学ぶスクールに通い、「金融リテラシーのないビジネスマンは生き残れない」と聞けば、投資の学校に通う。

常に必要な知識やスキルが何かを考えてはいます。

しかし、ビジネス書や雑誌、または他人から言われたことを鵜呑みにして、学ぶ対象を変えているだけです。

これはまさに**「ビジネス漂流者」**と呼ぶべき姿です。

SECTION2

ビジネス漂流者の特徴

話題の本に飛びつく

ビジネス漂流者は、常にアンテナを立てて、次に学ぶべきものを探しています。

- 雑談力
- 会計の基本
- プレゼンの基礎
- 地政学
- 統計
- 決算書の読み方
- 今からでも遅くない株式投資

など、そういった特集に刺激されて、話題のビジネス書に飛びつきます。どんな本も、基礎的な項目を紹介し、そのジャンルの入門書の役割を果たしています。入門書はやさしく書かれていますので、面白く楽しく読めるものが多いものです。

しかし、入門書を読んだだけで、それ以上学ぶことをしないと、その分野についてちょっとかじっただけの状態です。読書を楽しみ、他人に話すこともなく、自分の考えをまとめて文章にすることもなく、次の本を読み始めてしまえば、知識やスキルを「活かす」機会を持つことができません。

量にこだわる

「活かす」ということがなく学習を続けていると、いつしか量にこだわるようになります。

語学であれば、テレビやラジオの語学講座を視聴して学び始めると、半年で一回分の講座が終わります。最初の半年は、フランス語を学び、次の半年はイタリア語を、次の半年はスペイン語というふうに学んでいくと、多くの言語を学ぶことができるのですが、入門半年の言語を増やしていくだけです。

では、どれか一つでも、初心者の域を脱して雑誌を読んだり、旅行に行ったり、外国人と話すことができる言語ができたのかといえばそうではありません。

テレビやラジオの制約上、学習者の実力に合わせてレベルを上げていくことができません。他言語を知りたいという目的がある方は別として、入門講座を視聴するだけでその先に進んでいかないと、一向に身につけることはできません。

身につかないものが活かせないというのは当たり前のことです。

自分が何に関心があるのかわからない

ビジネス漂流者は、自分は何に関心があるのかをわかっていない場合が多いようです。話題や流行に乗って学ぶとか、他人に勧められて学ぶという他律的な関心の持ち方をしていると、いつしか自分を見失ってしまいます。自分の関心に無自覚でいると、何に興味があるのかがわからなくなるのです。

自分のテーマがある人は、そのテーマに沿った学習項目を見つけることができます。たとえば将来、起業しようと考えている人は、経営者になるための財務諸表の見方とかセールスの技術を学ぼうと思うでしょう。語学についても、南米との取引を考えているというならば、スペイン語やポルトガル語を学ぼうとするかも知れません。自分の「関心領域」を理解し、自分のテーマがあれば、そのために必要な学びが何であるのか自ずと見えてくるものです。

「勉強になった」で終わらせる

本を読んでも変わらないと気づいた人は、セミナーに参加し始めます。

セミナーの受講者アンケートによく書かれる感想の言葉があります。

「大変勉強になりました」

セミナーは講師の話を聞いて勉強になる場なのでその通りなのですが、「勉強になった」で終わってしまうのがビジネス漂流者の特徴です。

その先に進まないのです。

話を聞いて、聞いた時間が楽しかったということを言っているのです。

セミナーは何のために行くのでしょうか。楽しい時間を過ごすことでしょうか。もともとそのような目的をもって参加するのであれば結構です。エンタテインメントが目的ならば、十分に楽しめたか否かが評価の基準でいいでしょう。

しかし、学んで人生を変えたいとか改善したいという意思を持って参加したのであれば、「勉強になった」というだけでは非常にもったいないと思います。

「名刺交換」で終わらせる

セミナーは、同時にビジネス交流会の役割を果たすことが多く、講義の後に名刺交換の時間が設けられていたり、懇親会が開催されたりすることもあります。講義そのものよりも、多くの人と知り合える懇親会にこそ価値があるという人もいます。

ビジネス・サーファーは、セミナーに参加して知識やスキルを学ぶだけでなく、名刺交換をした人と新たにビジネスを創り出したり、商談を始めたりしていきます。セミナーを通じて人脈を拡げて、ビジネスチャンスを創り出していくのです。

しかしビジネス漂流者は、セミナーに新しい人と出会う価値を見いだしていながらも、名刺交換をしただけで満足してしまいます。その後のビジネスにつなげたり、交友関係を発展させたりすることなく満足してしまうのです。

なんのために名刺交換をするのか。知り合ってどうなりたいのか。そもそもセミナーの後で、「どんな人に会いたいのか」が明確になっていないのです。このような、**受け身の姿勢からでは何も生まれません。**

「餌食」になる

ビジネス・サーファーは、目的を明確にしてセミナーに参加します。

参加するセミナーも厳選し、直感で参加したとしても的を外したセミナーに参加してしまうことは稀《まれ》です。もしも参加している途中で、自分の目的と合わない内容だということがわかったら、それ以降は参加しないという決断もできます。

しかし、ビジネス漂流者は、目的が明確でないままセミナーに申し込んでしまったり、今の自分と関係なさそうでも欲張って参加したりします。

参加しながら、自分の興味関心と違うなと思っても、異業種交流になるからいいかと思って参加し続けます。

段階的に学びを深めるセミナーやプログラムの場合、初級を学んだら中級、中級を学んだら上級、上級を学んだら講師養成コースにまで進まないと気が済まないのです。

目的がない場合、主催者にとっては良いお客様です。

「ここまで学んだら、上級コースもやったほうがいいですよ。ここでやめたらもったいない」という言葉をコロっと信じてしまうのです。

SECTION3

成功法則を学んでもなぜ、成功できないのか？

成功法則を集めてしまう

巷ではたくさんの「成功法則」が本になり、セミナーになって販売されています。それは、ビジネススキルから、株やFX、不動産などの投資のスキル、在宅ビジネスから起業、経営者のマインドからスピリチュアルなものまで多岐にわたります。

ビジネス・サーファーは、自分のやりたい分野が明確なので、それに関連する情報を集めたり、自ら取捨選択して実践していきます。

しかしビジネス漂流者は、たくさんの学びの果てに成功法則に出会うと、次から次へと成功法則本を読み漁ります。実践するよりも数多く読むことに注力してしまうのです。

それに意味があるでしょうか？

本当に有効な成功法則が書かれているのであれば、一つ知っただけでも大収穫です。それを使って、自分のやりたいことをどんどん実践していけばいいはずです。決して成功法則の専門家にならなくてもいいはずなのです。

ビジネス漂流者は、実践の場を持たないために成功法則を知っても使う場所がなく、結果として成功法則それ自体を収集してしまうのです。

「引き寄せ」でも、チャンスをつかまない

『引き寄せの法則』というものが何なのかわからない人でも、「引き寄せの法則」という言葉自体は知っています。今ではそれほど有名です。

「思いが現実を変容する」と簡略化して理解すれば、古くはシャーマンの呪術や巫女《みこ》さんの祈祷《きとう》にまでさかのぼることのできる人類の思考法です。

ビジネス・サーファーは、それが真か偽かを論じている前に、まずは実践してみて、効果があれば「これは良い！」と喜んで、自分のビジネス分野で業績を上げていきます。

「引き寄せの法則」を使って「引き寄せたいモノ」をイメージしたり、言葉にしたりすると、マインドがそれに関する情報をキャッチしやすくなります。この世界にある無数の情報の中でも、「引き寄せたいモノ」に関する情報だけがピックアップされるのです。

そうすると、まさに有利な情報がたくさん発見されます。

ビジネス・サーファーは、まさにチャンスを引き寄せたら、迷わずつかみます。そしてすぐに行動を起こし、結果を出していきます。

しかしビジネス漂流者は、多くの文献を読み比べ真偽を判断することに時間を掛けて、実践をしません。また、もしも「引き寄せの法則」を実践したとしても、チャンスを引き寄せたにもかかわらず、そのチャンスが本当かどうか信じられず、つかみとることに躊躇してしまいます。

チャンスはつかんでこそ活かすことができます。

チャンスを前にしても手を出さなければ何も変わりません。引き寄せたと言って喜んでいる場合ではないのです。

SECTION4

ダメな人がやっている口《くち》だけ学習法

「やろう」「やろう」で終わらせる

ビジネス・サーファーは、英語を勉強したいと思ったら、その場で動画サイトの英語のプレゼンを見てみたり、仕事帰りに英語のテキストを買ってみたり、英会話スクールの無料体験に申し込んでみたり、英語の朝活に参加してみたりします。

しかし、ビジネス漂流者は、誰彼なく人に会う度に、「英語は勉強しておかないとダメだよね」とか「プレゼンを教えてくれる良い先生いないかなあ」とかと語り、学習への意欲を語る割には、いつまでたっても学習を始めません。

口癖は「やらなきゃ」とか「やりたいなあ」とか「やろう」なのですが、いつまでも「やる」にならないのが痛いところです。始めてしまえば、もう「やらなきゃ」でもないし「やりたいなあ」でも「やろう」でもありません。「やっている」になってしまうのです。

ある人は「やろう、やろうはバカ野郎」と言っていました。バカ野郎だとは思いませんが、「バカになったつもりでやってみよう」とは言いたいところです。

具体的な目標を立てない

ビジネス・サーファーは、学ぼうと思った時点で、どんなふうになりたいかをイメージし、「心躍る未来像」を思い描くのです。その未来像を実現するための道筋を思い描き、その目標をひとまず目指して活動を開始してしまうのです。

しかし、ビジネス漂流者は、学ぼうと思った時点で未来像が曖昧《あいまい》なままで過ごします。具体的な目標をつくってしまうと、かえって自分をしばることになり、窮屈だという理由から目標を立てないのです。

具体的な目標がないと、学習内容も定まりません。たとえば、海外旅行を当面の目標として英語を勉強するならば、旅行先で起こりそうなことや使わなければならない言葉を覚えたり、表現を仕入れたりすることができます。

しかし漠然と英語を勉強するとなると、文法をやり直そうかとか、ヒアリングをやろうかとか、ライティングも必要だとなって学習計画が立てられません。

学習計画がない

ビジネス・サーファーは、やるとなったら忙しいスケジュールの中でぱっと学習時間を確保し、学習のスケジュールを思い描いて、学び始めてしまいます。

しかし、ビジネス漂流者はやる気になったとしても時間を確保するだけです。学習計画がないので、確保した時間の中で手当たり次第にテキストを読んでみたり、気まぐれでネット検索をしてしまったりします。

せっかく学習時間を確保したというのに、効果的な学習ができずに過ごしてしまいます。

論理学で「前提が偽《ぎ》ならばすべて結論は真《しん》」という言葉がありますが、学習においても目的や目標が定まっていなければ、どんな学習をしたところで間違いとは言えません。間違いではないですが、得たい結果が得られるかどうかもまったく不明です。そもそも得たい結果を定めずに学習しているので、どこに辿り着くかは皆目見当がつかない学習態度だということです。

試験だけを目標にする

ビジネス・サーファーは、自分の目的に相応《ふさわ》しいと思えば資格試験や認定資格をとることを当面の目標にして学習をスタートすることもあります。試験という目標に向かって気持ちを引き締め、学習内容も絞ることができます。それを知っているからこそ、心躍る未来像の実現を早めるために、あえて試験を受けるということもあります。

ビジネス漂流者の場合は、資格試験や認定資格をとることから発想します。行政書士の資格をもっておくと転職に有利だろうとか、ＴＯＥＩＣの点数を上げておけばどこかで有利になるだろうとか、ビジネス実務法務検定にチャレンジしてみようとか、資格試験を見つけてそれが何かに役立つだろうと考えて学習し始めてしまうのです。

その時に、**自分が本当はどんな人生を生きたいのかという観点**はありません。心躍る未来像は曖昧で、「今より良いことが起こって欲しい」という祈りにも似た気持ちがあるだけなのです。

その上で、試験をゴールにしてしまい、試験に合格した後のことを考えていないのです。試験が何の目的につながっているのかについてまったく意識がないのです。

〈ビジネス漂流者〉と〈ビジネスサーファー〉特徴

〈ビジネス漂流者〉

- □本が好きだが何も活かさない
- □読書は量にこだわる
- □何に関心があるかわからない
- □「勉強になった」で終わる
- □チャンスを引き寄せてもつかまない
- □「やろう」が口ぐせ
- □具体的目標がない
- □学習計画がない

↕

〈ビジネスサーファー〉

- □読書したら何かしら活かす
- □読書は量ではなく、使えるか
- □自分に必要なものがわかっている
- □勉強になったことは次に活かす
- □チャンスは絶対につかむ
- □やろうと思ったことはやっている
- □目標が明確になっている
- □学習計画をしっかり立てる

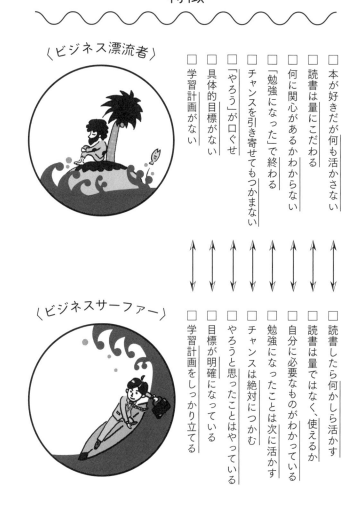

SECTION5

学びをゴールにしている人は、結局自分も世界も変えられない

「学び」に過剰な期待をしている

私たちは、人生の初期に学校に通い始め、「子どもは勉強が仕事」と言われて育ちます。アルバイトをしたり、就職したりするまでは「仕事」とか「ビジネス」に触れずに、学習や勉強が人生の表舞台で中心を占めていました。

大人になってから、困ったり行き詰まったりして不安になった時に、立ち戻るのが子どもの頃から慣れている「学習」です。

ビジネス漂流者は、学ぶことに過剰な期待をしています。

「学べば、何かが変わる」

「資格をとれば、うまくいく」

「認定されれば、儲けられる」

学習することによって、自分を変えられることはまさにその通りです。たしかに新しい

知識やスキルを身につければ、それだけで自分がそれまでの自分とは異なるものに変化しています。

ただし、純粋に学習しただけでは、その変化の効果は十分に発揮されません。もしも効果的な学習ができた場合を１００とするなら、学習しただけでは30くらいの効果しか発揮できません。

学習だけで終わるのではなく、それをアウトプットや行動に結びつけることが大事なのです。

江戸時代の後期に、米沢藩主の上杉鷹山が家臣に教訓として与えた、「為せば成る　為さねば成らぬ　何事も　成らぬは人の為さぬなりけり」という歌があります。まさに「為す」こと、行動することが大事なのです。

「行動することによって可能になることがある」というのがこの歌の中心メッセージです。学ぶことが大事なのではなく、学んで行動することに価値があるのです。

本当に大事なのは「変化」を起こすこと

ビジネス・サーファーは、ビジネス環境の「変化」を読みながら、目的を持ち、「学び」

を始めて、それを活かし、自分と環境に「変化」を起こしていきます。それによって結果を生み、業績を上げていくのです。

しかしビジネス漂流者は、目的を持たずに「学び」を始めて、自分の内部に知識やスキルを溜め込むものの、それを外に出して環境に働きかけることをしません。そのため、周囲の誰にもその知識やスキルを知られることがなく、注目して取り上げてもらう機会もありません。結果として、「変化」を起こすことができず、業績も上げられないのです。チャンスが来たとしてもつかまないので、せっかく大きな「変化」を起こす機会を逃してしまいます。

ビジネス・サーファーは、目の前に現れた絶好の機会を逃さないから、「変化」を起こして業績を上げることができるのです。

SECTION6

結果を出す人は「学び」を100％自分のアウトプットに変換する

「知って終わり」で済ましている

ビジネス・サーファーは、学んだら活かすことを考えます。というよりも、仕事の結果やお金を稼ぐ、つまり「活かすために学び」、結果を出します。

最初から、業績を上げる、変化を起こす、自分を成長させるために学ぼうとしているのです。

しかし、ビジネス漂流者は、新たな知識を得られたことに満足してしまいます。

確かに、知は喜びであり、学ぶことは楽しいことでしょう。それ自体を否定するつもりは毛頭ありません。むしろ推奨されるべきことです。

しかし、「結果」を出したい、「業績」を上げたいと思うのであれば、「知の喜び」や「学びの楽しみ」で終わらせてしまってはもったいないのです。

知識型もスキル型もアウトプットしなければゼロと同じ

学習には、知識型学習とスキル型学習があります。

知識型学習は、その分野の知識や概念の体系、法律の条文や歴史、規則、原則などについて学ぶことです。たとえばカウンセリングなら歴史や概念、提唱者の思想・理論・技法の体系。

スキル型学習は、技ややり方を学ぶことです。たとえばカウンセリングなら面談技法、話し方、表情や姿勢・距離の取り方、質問紙の使い方など実践方法の学習です。

ビジネス・サーファーは、その両方を活用します。たとえば、コーチングの歴史を学んだら、その歴史を他人に語ったり、ブログに書いたりします。学んだら必ず活用します。コーチングの技術にしても、後輩をつかまえて実際にコーチングを受けてもらったり、友人・知人と対話の時間を持って、いつのまにかお客様を持っていたりします。

しかし、

ビジネス漂流者は、学んでも人に語りません。

ブログに書くことはなく、テキストやノートを見返すことはあってもそれを表現はしません。英会話スクールに通っていても、同じく英語を学んでいる同僚や友人と英語で会話しようなどとは思いません。あくまでスクールの中だけで英語を使おうとしてしまいます。

アウトプットが「知の好循環」をつくる

「アウトプットが大切だ」とよく言われます。

ビジネス漂流者は、頭では「アウトプットが大切だ」ということを知っていても、行動しません。「なぜ大切なのか」にはピンときていないからです。

なぜアウトプットは大切なのでしょうか。

それは、**あなたがアウトプットをすることで、情報や知恵の循環がはじまる**からです。

あなたのアウトプットは、他人に影響を与え、役に立つ情報や役に立つ関わりをしてもらった他人に変化が起こるのです。

たとえば、財務諸表の見方を学んだ方が、その知識や見方の実際を他人に伝えたら、その人には変化が起きます。すでに知っている上司のような場合は、「お、こいつは勉強しているな」とあなたに対する見方を変えるでしょう。知らなかった人にとっては「そういうことだったのか！」と知識自体に興味を持ったり、教えてくれたことに感謝したりするでしょう。

あなたのアウトプットによって、世界が変化を起こし始めるのです。そして、その変化はあなた自身にも再び影響を与えます。

アウトプットすることによって、学習のフィードバックが起こるのです。回路の中を電気が流れるように、あなたとあなたの周囲の間に知と経験の循環が起こるからです。

知恵と経験の好循環が結果を生む

電流が磁気を生んだり、装置を動かしたりするように、あなたが学びをアウトプットすることで、新しい循環が生まれ、世界が変化し始めるのです。

あなたがアウトプットするということは、変化の起点になるということです。あなたが結果を生み出したいと思うならば、そのための起点になることが重要なのです。

知恵と経験の好循環は、変化を起こし、「結果」を生み出します。あなたが学び始め、それを外に表現し変化を起こした「結果」が表れるのです。「引き寄せ」なのか「思考は現実化する」なのか、そのプロセスを説明する原理は無数にあるでしょうが、シンプルな話をすれば、あなたが行動することによって世界が変化し、結果を生むのだということです。

この好循環を起こすものこそ「アウトプット習慣」にほかなりません。

次章からは、「結果」を生み出すための「学び」を「活かす」方法を紹介していきます。

IN

CHAPTER 02

結果を出す人がやっている「学び」を「活かす」思考法

OUT

SECTION 1

「学び」を「結果」に変えるための3つの基本

学びを活かすにあたっては、次の3つの考え方をすることができます。

①「活かす」前提で「学ぶ」
②どんなことでも「活かす」
③「想定外」でも「活かす」

それぞれを順番に見ていきましょう。

①「活かす」前提で「学ぶ」

「学んだことを現実に活かす」という意識さえあれば、過去のすべての知識・経験・技術を、血肉に変えることができます。

特に、何かを学ぶ際は、「活かす」前提で学習するのです。

活かす前提で学ぶと、いきなり自分の人生と無関係なものを学ぼうとは思わなくなります。

たとえば資格をとるにしても、資格を活かしてどんな活動をするだろうかということを明確にすると、「活かす」ために学べます。

行政書士の資格を取ったらどんな活動をするのか、司法書士の活動はどうか、カウンセラーの資格をとったらどんな活動をするのか、キャリア・アドバイザーの資格をとったらどんな活動をするのか、と想像したり、実際に活動している人の話を聞いたりして、「活かす」イメージを持つことで、「活かす」ために学ぶことができます。

② どんなことでも「活かす」

高校生の時に、父と話していて高校の勉強なんて将来役に立つのだろうかとつぶやいたことがありました。すると父はこう答えました。

「活かそうと思えば何でも活かせるんだ」

当時、父は会社員でありながら、普化宗《ふけしゅう》尺八の先生をしていました。父は会社内外の会合などで尺八を演奏し場を盛り上げ、かつ自分を強烈に印象づけることにも役立てていたようです。

企業社会において尺八など普通に考えればなんの役にも立ちませんが、父は意図を持って活かしていたようです。

その当時はわかったつもりになっていましたが、今になってみると、まったくその通りだと深く理解しています。

活かそうと思えばどんなことでも活かすことができますし、活かそうと思わなければ、どんなことも活かせません。

私はセミナーでちょっとしたジョークや冗談を言うことがありますが、元になっているのは、高校生の時に作った冗談や、二十代のころに友人の結婚式の時に行ったスピーチで使ったネタなどです。過去の自分の小ネタを現在の活動に活かしています。

中国武術の本を原書で読んでみたいと思って始めた中国語も、海外視察先の中国における会話に活かしたり、たまたま知り合ったミャンマー人との出会いを、世界で活躍するシンガーの応援のために活かしたりしています。

その結果として、シンガーソングライターのすわじゅんこさんは、ミャンマーで最も人気のある日本人シンガーの一人になってしまいました。

また、会社員時代に相談を受けてきたことは現在の夢実現応援コーチングに活かされ、企業内でのセミナーの企画・運営はそのまま現在のセミナーの企画・運営に活かされています。

何が役に立つか、何が役に立たないかということは、あらかじめ決まってなどいません。あなたが、**活かそうと思っていればいつでも活かすことができる**ということです。

過去の経験、そしてこれから積み上げる学習は、すべてがあなたの「ストック」になります。手持ちの札を適切なタイミングで使っていく気概があれば、なんでも活用することができるのです。

③「想定外」でも「活かす」

「活かす」場面を想定して学び始めます。もちろん想定した範囲の中で「活かす」のは当然といえば当然。

しかし、現実は想定外のことばかりです。何が起こるかわからないから人生は面白いとさえ言えるでしょう。

危機もあればチャンスもあります。危機をチャンスに変えることができるかどうかも、過去の学びや経験や知識を「活かす」ことができるかにかかってきます。

重要な商談で、双方が緊張してしまったときに、かつて考えたジョークを言ってみるとか、最近自分が経験した面白い話をしてみるとか、あなたの経験を「活かす」ことができます。

そもそも、学んだり体験したりしているときには、想定していない場面でさえも「活かす」意識があったら「活かす」ことができるのです。

むしろ想定外の場面に出くわしたときにこそ、過去の知恵や経験が活きるのです。なぜならば、あなたの過去の知恵や経験しか頼るものがない状況だからです。藁をもすがる気持ちで、自分の知恵や経験にすがり、「活かす」応用力があなたを救うことになるでしょう。

想定外の状況で助けてくれるもの。それを増やすことがあなたの「学び」なのです。

SECTION2

学んだらすぐに行動に移す

知識をアウトプットする

学生の学習は、公式や定理を学ぶとすぐに問題を解きます。どんな教科にも問題集があり、問題を解くことによって実力をつけ、実際に定期的なテストを受けていきます。最近の脳科学に基づく学習の理論では、テストをすることによって学習内容が定着すると言われています。学ぶ前からテストをすることも効果的だそうです。

そんな学生の学習と、社会人の学習はスタイルにおいて異なっているように見えます。社会人の学習では、すべてに教科書があるわけでもなければ、問題集があるわけでもありません。

しかし、学生の学習から学ぶべきことが社会人にはあります。

それは、学んだら練習問題を解くという習慣です。

知識やスキルを学んだら、練習問題を解くように実践で使ってみるということです。学生の学習は、習熟し実力をつけるシステムができあがっています。だから、学んだら練習問題を解くのです。

社会人の学習は、あらかじめ決められた問題集があるわけではないので、学んでもすぐに練習問題を解く機会がありません。ならば、自ら問題を作って解く練習をすべきなのです。

具体的には、その知識を「活かす」ための場を作り、相手を作り、問題を見つけて適用するということを意図的・積極的に行う必要があるということなのです。

知識もスキルも使わなければ損である

「学習」しようと思った動機を思い出してください。

何かしらの「結果」「成果」につなげたい、ということではありませんでしたか？

結果を出すために学ぼうと考えを切りかえたのであれば、学んだだけで満足しないでください。知識もスキルも使わなければ損だというくらいの気概を持ってください。

学ぶために時間も労力も掛けたのです。元を取ろうと思うのは普通のことです。

しかも、知識やスキルというのは、誰もあなたから奪えません。うまくいけば、ずっと活かすことができるものです。

ということは、

ずっとお金を生み出す「源泉」にすることだって可能

なのです。

物品であれば、売ってしまえばなくなりますし、盗まれたらそれで終わりです。

しかし、知識、技術というものは、売ってもなくなりません。

むしろ、活用しないことは本来生み出せるであろう富を失っていることなのです。あなたの知識や経験、技術を活かさないことは機会損失を生じさせているということです。

SECTION3

学びと行動をワンセットで考える

すべて行動がなければ意味はない

成功した人というのは何をした人だと思いますか？

運が良かったのでしょうか？　もちろんそれもあるでしょう。

性格が良かったのでしょうか？　そういう人もいるでしょう。

約束を守ったからでしょうか？　それも重要なことです。

努力したからでしょうか？　努力も大事です。

他人からの信頼を得たからでしょうか？　信頼がなければビジネスは成立しません。

成功した人の条件を探っていけば、様々な要素を見つけることができます。それぞれがとても重要なことだと言えます。

一つひとつを学ぼうというのもとても素晴らしいことですが、一番肝心なことは何だと思いますか？

それは、

「行動する」ことです。

運も、性格も、約束を守ることも、努力も、信頼も、結局「行動」がなければすべて意味をなしません。

成功者は、「行動」したから成功したのです。

行動していなければ成功もしなかったでしょう。棚からぼた餅の喩《たと》えのように、幸運が訪れた人でも、行動をしなければ成功していません。

宝くじで1億円など巨額の幸運をつかんだ人のほとんどは、その後人生の絶頂とどん底を経験し、当たった金額と同等かそれ以上の借金を背負い込んでしまうと言います。効果的な行動ができなければ幸運をつかんだとしても、成功することはできないということです。

すべての「発見」は「行動」のため

学習をしていると、様々なことを発見します。新たな知識や情報を得るということも発

CHAPTER 02

見であり、新たなアイディアに出会うということも発見です。学習のプロセスは発見の連続です。それが喜びにも楽しみにもなるというのが学習です。

そして学習者が陥る落とし穴がここにもあるのです。

それは、

発見を発見のままで終わらせてしまう

という落とし穴です。

どんな知識も「行動」に結びつけてください。

たとえばミャンマー人と知り合いになって、ミャンマーの政治体制について知ったとします。それは初めて聞く話で面白いことでしょう。知らないことを知ることができてよかったとか、発見があった、で終わらせたくないのです。

行動に結びつけましょう。

さらに知るために、関連する本を読んでみるとか、実際にミャンマーに行ってみるとか、そのミャンマーの政治体制について人に話してみるとか。

そういう行動につなげていくと、様々な変化が生まれます。関連する本を通じて更に認識が深まったり、ミャンマーに実際に行ってみれば、そこから人脈が広まったり、ビジネスチャンスを見つけたりします。さらには、人に話すことによって、より多くの情報が集まったりします。

知ったら、必ず行動に結びつけるのです。知るのは行動するためだと思って必ず何らかの行動に結びつけてみてください。

人生は確実に動きはじめます。

「実験」は「行動」のためと思え

知識や経験、学びを「行動」に結びつけて行きます。

あらゆる創意工夫をしながら行動するその姿は、「実験」とも形容することができます。すべての行動は、「活かす」という意識があれば、次の行動のための実験でもあるからです。

そういった意味では、

人生は実験の連続です。

学生の学習のように答えの決まった問題を解いているのではありません。すべてが実験と試行錯誤です。実験に実験を重ねて、一生涯というレポートを書いているようなものなのです。

では、その実験は何のためにやっているのでしょうか？

あなたの人生の目的を達成するためです。

人生の目的を達成するために最適な行動は何かを常に探し求め、同時に実践していくのです。

効果的な行動はそのまま継続し、効果的でないものはやめて、もっと良い行動に切りかえていく。この無限の改善活動があなたの人生をより一層豊かなものにしていくのです。

「教訓」は「行動」のためと思え

学びを重ね、行動していくと、様々な経験を通じて様々な「気づき」を得るようになります。

自分の行動を振り返り、その結果を受け止めて、良かったことや悪かったこと、または改善すべきことを振り返ったとき、初めて「教訓」を得ることができます。

「こうしてはいけない」「こうすればうまくいく」などといった、「教訓」をきちんと自覚して蓄積していくと、行動の精度が上がります。

行動をしても行動しっぱなしで振り返ることがないと、経験から学ぶことができず、教訓を得ることもできません。

さらに、教訓を得ることができたとしても、それを後の行動に活かすことがないとしたら、それはとても残念なことです。教訓を得ただけで満足することなく、教訓を得るのはより良い行動のためだと考えましょう。

SECTION4

アウトプットの基本となる3つの習慣

アウトプットを小さな目的にする

学びを結果に結びつけるために、一番手っ取り早い方法は、**アウトプットのための学びにする**ことです。つまり、学んだら内側に溜め込まず、外に向かって発信していくのです。

知識型学習の場合、学んだことを言葉にすることから始めてみるとよいでしょう。

たとえば、ある講演を聴いたとします。ノートを取りながら聴いたのであれば、それをノートにまとめてみましょう。自分のＰＣに打ち込んだとしたら、同じ講演に参加した知人に、その情報をシェアしてみるのです。

さらには、講師と名刺交換などしておいて、その講演のまとめを送ってみるのもオススメです。講師というのは、その場その場で聴衆に合わせて話をします。アドリブも多く、自著にも書いていないことだって話します。

講演の記録を文字にするのを講師自身が行うのは大変面倒です。

それをあえて学んだ側のあなたが、文字化してまとめて講師の方に送るのです。その文字化されたデータは講師にしてみれば、将来書く本や雑誌の寄稿記事等の材料にすることもできますので、喜んでくれることは間違いありません。

まずは「まとめる」

アウトプットの第一歩は、**文字にして「まとめる」**ということです。

どんな話も文章にまとめると、一つの資料になります。

あなたの学びを文にするだけです。たとえば新しい技術を学び始めたとします。まず、学んだ内容を文章にすることができます。どのように先生が教えてくれたのかを記録しておけば、講義メモになります。さらには、自分の進捗と理解度を記録しておいたら、自分の学習記録にすることもできます。

それらの文書をあとからまとめれば、その分野の教科書にすることもできますし、自分が先生という立場になった時の参考にすることもできます。

まとめるのは文字だけとは限りません。図解にしてまとめてもよいですし、マインドマップ（「放射思考」に基づいたノート術）にしてまとめるのもいいでしょう。最近ではデジタル機器が身近になっているので、自分で動画を撮って感想や学びを記録してもいいかもしれません。

そうはいっても、**一番簡単なのは、文字にすること**です。いきなり不特定多数の人に発信する前に、まずは文字にしてみましょう。

身近な人に「伝える」

「情報発信をしましょう」と突然言われても、いきなり不特定多数の人に発信するのは気が引けるという方も多いものです。

「ブログは誰が見ているかわからないから嫌だ」

「SNSも知らない人に自分の考えを示すのは怖い」

その懸念ももっともなことです。

それらが解消されないと発信できないのかといえばそうではありません。

まずは、

もっと人に「伝える」ということから始めてください。

学んだことを文字にしてまとめたら、それを親しい友人や知人、家族など、気軽に話せる人たちに伝えてみてください。

発信とはネット上の発信ばかりではありません。

会社の朝礼で発表するとか、知人にメールで送るとか、親しい仲間との飲み会で話したり、コーヒーでも飲みながら友人に語ったりすることも「伝える」ということのひとつです。

身近な人に伝えてみると、それぞれ反応が返ってきます。

自分の考えや理解の不十分なところを理解するきっかけともなります。学んだことを他人に伝えて、知恵と経験の好循環を起こすことで、私たちは成長することができます。

広く「発信する」

身近な人たちとの間に知恵と経験の好循環を起こすことに慣れたら、今度は、不特定多数の人が目にするネット上で発信します。

現在は、ネットが非常に身近です。一つの知恵を全世界に発信することのできる時代。この環境を利用しない手はありません。

リスクもチャンスも経験することで学んでいかなければ、いつまでたってもネットを利用できません。

あなたの発信が、不特定多数の人の目に止まると、知人とはまた違った反応を得ることができます。あなたの関心事項に興味を持ってくれる人と出会うことができます。

ネットを通じて人脈が広がります。

すでに多くの方が、ネット上の発信をしていますが、自覚的に学びを発信し、ビジネスの好循環を起こし、「結果」を生みだそうと思ってやっている人は、意外と少ないと思います。多くの方は、なんとなくやったほうがいいと言われて始めたのだと思います。

結果を生み出したいあなたは、自覚的にあなたの学びを発信し始めてください。

その内容も、単に学んだことを発信するところから始めて、慣れてきたら、読者さんにとってどんなことが役に立つだろうか、どんなものを読みたいと思うだろうかという読者さんの視座に立って記事を書くようにしていってください。

〈アウトプットの基本〉となる 3つの習慣

i まとめる

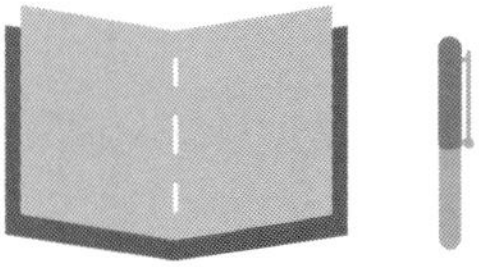

本やセミナーで学んだこと、見聞きした話をまとめてみる
文字(文章)、図、マインドマップ…などで記録、整理を行う

ii つたえる

自分の身の回りにいる友人、知人、家族などにつたえてみる
話したり、メールしたり、共有して周りの反応を味わう

iii 発信する

インターネットを使って学びの情報を発信する
慣れてきたら学んだことだけでなく、読者にとって役立つ情報、面白く読める情報に変換して発信してみる

SECTION5

学習から行動への変換効率を高める

学んだことはどのくらい行動に活かせているか？

学びを学びのままにしておいてはいけません、という話をしておりますが、それでは、どれくらいの学びを行動にすることができているか考えたことはありますか？

現時点での学びの分量を100％と見立てたとき、行動に変えられているのは何％くらいでしょうか。

80％？　60％？　はたまた100％でしょうか？

これは、感覚的な数値に過ぎず、厳密に計算するのは煩雑すぎるだけで、あまり意味はありませんが、自分の感覚でまず測定してメモを取ってみてください。

さて、何％とメモを取ったでしょうか。

感覚的なものですが、私は、5％くらいの行動に変換できていたら上出来ではないかと思います。普通は1％にも満たないことが多いです。

実に私たちは、毎日24時間、睡眠時間の際にも大量に学んでいます。経験そのものが学びにほかなりません。

まず意図的な学びの0・05％も文字にすることはできないでしょう。私たちの学びのほとんどは体を通して大脳に記憶され、そのごく一部を文字の記録にしているのです。ほとんど文字にしないで過ごしています。

文字にしなくても、記憶して肝に銘じたことは行動に活かされていくでしょう。そうすると行動レベルでは5％くらい活かすことができます。

もちろん、数値は感覚的なものですが、ほとんど活かされていないのだという感覚を持っていただければ、まだまだたくさんのことを行動に活かすことができると理解できます。

言い換えれば、ほとんどのことは学んで気づいただけで行動に移せていないのです。

だから、一つでも二つでも思いついた学びがあったら、それをすぐに行動に活かしてみてください。たとえば、

「語学は毎晩寝る前に暗記して、朝起きたときに復習すると効率よく記憶が定着する」

ということを知ったら、少なくともその晩は、眠る前に語学のテキストを開いて読んでみる、単語を一つでも覚えてみるということをやってみるのです。

私たちの人生は、知っていてもやっていないことだらけなのです。

アウトプットに「遅い」はない

「学び」を「活かす」のに、いつでも遅いということはありません。なんと言っても「活かす」という話をしているのです。何歳になったとしても、過去の自分の知的財産を活かそうというのですから、後になればなるほど活かせる知的財産が増えています。

これまでの生きてきた年数の分だけの知恵と経験を、これからの将来に活かすのですから、遅いということは一切ありません。同時に、早すぎるということもありません。

大事なのは、「もう遅いから」「まだ早いから」という時間で、「行動をしない」という決断をしてはいけない、ということです。

たとえば、コーチングを学び始めた人が、

「私は、まだ人にコーチングができる実力がない」

と言って、一切コーチングしなかったらどうなるでしょうか。コーチングを学んだにもかかわらず、一生コーチングすることはできないことになってしまいます。

最初の一歩や学び始めのころは、まだまだ未熟であるとか下手ということはあるでしょう。しかし、その未熟と下手を通過しなければ、誰一人として成熟と上手には至れないのです。

どんな芸術の大家も、どんな名人も、未熟と下手な時期を通過しているのです。

能を大成した世阿弥《ぜあみ》は、著書『風姿花伝《ふうしかでん》』の中で「初心わするべからず」という有名な言葉を遺しています。

この「初心」には二通りの意味があるとされています。

私なりに考えてみると、一つには「初心者の時代の心持ち」、もう一つには「初心者時代の未熟な腕前」だといえます。

初心者時代の心持ちを覚えていることで、芸の道に迷いスランプに陥ったときに抜け出すことができます。初心者時代の未熟な腕前を覚えておけば、やはり技芸精進の過程で思い悩むことがあっても、現在の腕前と比較することでどれだけ自分の技量が上がったものなのかを確認することができます。

初心者の心持ちも未熟な腕前でさえも、上達後のスランプ脱出のために「活かす」ことができるのです。「活かそう」と思うならば、遅すぎることも早すぎることもないのです。

さかのぼって「活かす」ことを考える

活かそうと思えばどんなことでも活かすことができます。

最近学んだことだけが活かせるのではありません。大昔に学んだことでも何でも活かせます。

私もミュージシャンに対するコーチングにおいて、かつて読んだ音楽雑誌のインタビュー記事や音楽評論の知識が思いのほか役立っています。

音楽雑誌を読んでいた頃は、ただ単に好きで読んでいただけです。学んでいたつもりもありません。それが現在、役に立っているのです。

最大の成果を上げようと言う気持ちがあれば、活かせるものはどこからでも探してこられるのだということです。自分の人生のあらゆる知識と経験は、「活かす」という観点からは、知恵の宝庫なのです。過去にさかのぼって宝を探し出してくるように、遊び心を持って楽しんで探すと「活かせる」ものを見つけることができます。

SECTION6

知識型の学習とスキル型の学習を分ける

知識型の学習は短期で、スキル型の学習は長期で活かせる

一般に、**知識型学習は短期的に役立たせる**ことができます。知ってい れば それでOKという場合です。ミャンマーの首都はネピドーだとか、ラオスの首都はビエンチャンだとかいう知識は、知ったそばからすぐに活用することができます。

一方の**スキル型学習は、長期的に活用する**ことを考えたほうが良いです。スキル型学習の最たるものは語学です。挨拶の言葉とか、自己紹介の文などは、知識型学習と同様にすぐに役立ちますが、その言葉によって意思疎通するまでになるには時間がかかります。スキルを磨くには時間を味方につけることが重要です。

毎日こつこつやるとか、継続するということで、黙っていても流れていく時間を味方につけることです。日々の暮らしの中に学習を埋め込んでしまいましょう。時がたてばいつ

しか知識が蓄積され、さらに技術が磨かれるようにするのです。これは、長期的視点をもっていないとできません。

知識型の学習は、活用する気になれば、すぐに活用できるのが特徴です。書評のブログを書いている方がたくさんいるのもそのためです。読んだ本の要約を文章にし、それに感想や気づきを付け加えれば一つの記事になります。それをブログで公開すれば、本のダイジェストや感想を知りたい人にとっては有益な情報発信になっています。

商談の際や、打ち解けた会話の中で、学んだことを面白おかしく語ることができるのも知識型学習の特徴です。人が知らないことを知っているだけで人の気を引くこともできます。そうやってコミュニケーションを楽しんでいっても良いでしょう。

知識を蓄え活用するために、**日常の中にインプットの時間とアウトプットの時間を仕込んでしまいましょう。**

学ぶべき本が決まっているのなら、通勤途中に必ず読むようにしましょう。今ではオーディオブックも多数のコンテンツがあるので、耳で学んでも良いでしょう。拙著もオーディオブックになっているものがあります。音声を繰り返し聞くことで内容を頭に入れるという学習方法を取っている人も増えているそうです。

最初に学んだものは、それ以降ずっと思い出して活用し続ければ定着します。お年寄りが若い頃のことは鮮明に覚えていて、ついさっきのことを忘れているということがありますが、それは若い頃のことを何度も思い出してきたから記憶が強化され定着しているためです。

学習を日常の中に組み込む

スキル型の学習は、場所や時間を選ぶもののように思うかも知れません。英会話なら、スクールに行かないとネイティブの先生と会話ができないとか、プログラミングならパソコンがあるところでないとできないとかです。

しかし、工夫次第で日常生活の中に潜ませることができます。

私は一時期、朝の通勤時間において徒歩の時間を長くして、歩きながら中国語の音読をしていました。ワンフレーズを繰り返し耳で聞きながら、口ずさむようにしていました。

また通勤電車に乗っている時間は必ず英語の原書を読む時間にあてていたこともあります。電車の中で、当時流行っていた『金持ち父さん、貧乏父さん』（筑摩書房）の原書『Rich

Dad, Poor Dad』を読み通したのを覚えています。

芸術系の大学に通っていた友人は、電車に乗ったら必ず広告を見ては覚えていて、自分だったらどんなデザインにするか考えるようにしていたと語っていました。これは日常の中でデザイン感覚を磨くトレーニングだと言えます。

スキルの向上には時間がかかります。だからこそ日常の中にエクササイズやトレーニングを紛れ込ませてしまうことで、技術向上のための時間を作るのです。

SECTION7

自分と情報を統合する

学んだら何かが必ず変わる

私たちの肉体は、食べたものでできています。質の悪い食べ物を食べていれば、それが私たちの肉体を作ってしまいます。食べ物を咀嚼《そしゃく》し、消化し、栄養素を取りだして、私たちの肉体の部品にして新陳代謝を行っているのです。

私たちの心や精神も同じです。学んだものや読んだもの、話したもの、聴いたものでできています。思考や感情が私たちの心を出たり入ったりして新陳代謝を繰り返しているのです。

そういう意味で、学ぶということは、とても重要なことです。私たちの心や精神を形作る行為で、それはつまり、自己変革の過程なのです。自分を変えるということなのです。

CHAPTER 02

かつて開設していたＷｅｂページの冒頭に、私はこんな詩を掲げていました。

わかるとはかわることだ
わかればおのずとかわるのだ
わかっているからかわるのだ
かわらないのはわからないからだ

学んだら必ず何かが変わります。変わらないでいるほうが難しいはずなのです。なぜ変わるのかといえば、自覚すると自覚せざるとに関わらず、**私たちは学んだものを自分の中に統合していく**からです。

学んだものの中には、受け入れられないとして拒絶する知識や経験もあることでしょう。体に免疫機能があるように、心にも免疫機能のような取捨選択はあります。その免疫機能を通り抜けた知識や経験は、すべてあなたの心と精神とを形作るのです。

あなたは、このことに自覚的になる必要があります。生み出したい結果があるならば、その結果を生み出すことのできる自分になるために、どんな知識や経験を学ぶと良いのでしょうか。

結果を出すために自覚的になるというのは、自分にどんな知識や経験を統合させていくかということでもあるのです。学習したら、その知識を吟味してこれまでの価値観や思考法との統合をはかることを意識しましょう。

自分と情報を統合する方法

具体的には、新しい考え方を鵜呑みにするのではなく、旧来の考え方と比較しながらよく考えることです。そして、その新しい考えを自分の中で、保留しておくのか、自分の考えと矛盾しないものとして受け入れるのかを区分けしていくのです。

統合する手順は次のようにすると良いでしょう。

①新しい知識やスキルを学ぶ

まずは新しいことを学びます。旧来の自分と相容れないものもあるかもしれません。

②他の知識と比較し、関連づける

新しく学んだ知識やスキルを、既存の知識やスキルと比較検討してみましょう。何がどう同じで、何がどう違うのかを理解すると、新しい知識やスキルの位置づけが見えてきます。

③上位目的を確認する

どんな知識やスキルにも上位の目的があります。英語学習一つとってみても、観光旅行のための英会話もあれば、ビジネスの交渉のための英会話もあります。新たに学んだことの上位目的を確認すると、既存の知識やスキルとの棲み分けや統合がしやすくなります。

④自分流にまとめる

新知識・新スキルと既存の知識・既存のスキルとを俯瞰して、自分のものとして身につけるならば、それらはどのような位置づけになるのか、自分にわかる言葉でまとめておきましょう。たとえば、「Aスタイルのコーチングと Bスタイルのコーチングの差は、○○であり、両者は『人のもつ無限の可能性を開放する』という目的において補完し合っている。ＴＰＯに応じて、相手に応じて使い分けることができる……」という具合に言語化しておくのです。

⑤行動を決める

新旧の知識が整理され、新しい自説としてまとめられたら、その新しい見解に基づく行動を決めていきましょう。新しい学びも、行動レベルに落とし込まないと、旧来の知識・スキルに上書きされてしまう可能性があります。

新しい自説に基づく行動を決定し、行動していくのです。

たとえば、英語は音読が効果的だという知識を得たとするならば、音読を一日のスケジュールに入れましょう。漢文の知識が重要だと知ったのならば、漢文を学ぶ時間をスケジューリングして、学ぶテキストなども購入するのです。

行動に落とし込めば、確実に人生が変わります。

さらに念を入れるならば、思考・感情・言葉・行動の四つの要素が、すべて新しい自説に沿っているかを確認してみてください。新しい考えを持っているのに、感じ方は旧来のまま、行動も変化無し、ということでは新しい結果は生み出されません。思考・感情・言葉・行動のすべてが一貫したときに、新しい結果を生み出すことができるのです。

マーケティング手法の一つを学んだとしたら、それ以後の営業活動にその手法を活かしたり、その考え方を応用し、それが良いものだと感じ、それを使うと口にして、しかも実行してみれば、そのマーケティング手法が持っていた本来の機能が十全に発揮されるでしょう。

「学んで終わり」は、もう終わりにしましょう。

「活かしてこその学び」です。

行動が大事だ、行動が大事だとは言うものの、何も考えず行動するのではなく、学び、そこから得られた知識と経験をそれまでの自分に統合しながら、その学びを活かして行動するならば、結果には自ずと変化が生まれます。

そのような行動が変化を生み、世界を変革するのです。

自分と情報を統合する方法

STEP 1

新しい知識やスキルを学ぶ

興味のある情報や知識を一気に吸収する

STEP 2

他の知識と比較し、関連づける

すでにある情報や知識と紐づける

STEP 3

上位目的を確認する

「何のため」を確認すると統合しやすくなる

STEP 4

自分流にまとめる

新しい知識と既存の知識を俯瞰し、
自分にわかる言葉でまとめ直す

STEP 5

行動を決める

STEP 4 でまとめた情報を元に新たに
起こす行動(じゃあどう活かすか)を決める

IN

CHAPTER 03

行動・結果につなげるための「学び」を「活かす」学習法

SECTION 1　行動と結果につなげる学習ができているか？

SECTION 2　行動につなげる学習とは何か？

SECTION 3　「夢のための学習」は行動・結果に直結する

SECTION 4　藤由式「活かす」読書術

SECTION 5　学習は「図解×言い換え」でまとめる

SECTION 6　学びを深める「七想」メソッド

OUT

SECTION 1

行動と結果につなげる学習ができているか?

「どんな結果を出したいのか」を具体化する

あなたは一体、何のために学んでいるのでしょうか。

答えはどこかにあるわけではありません。本書にも書いてありません。

答えはあなたの胸の奥に眠っています。それは、「どんな人生を生きたいのか?」という問いへの答えでもあります。

日々の暮らしや仕事の中で私たちは無数の行動をしています。

生まれてから死ぬまでそれを続けていきます。楽しいこともあれば、悲しいこともあります。辛いことや苦しいこともあります。人生に目的などないという考えもあります。目的ではなく楽しむことだという考えもあります。

一つだけ言えることは、万人に当てはまる一律の答えなどないということです。

あなたはどう生きたいのか。どう生きていったら満足できるのか。

将来、臨終の時を迎えたとき、一生を振り返ってどんなふうに感じていたいのか。

「ああ、やりたいことは全部やった。良い人生だった」
「いろいろあったが、満足だ」
「やりたいことは一つもできなかった」
「何一つ達成することができなかった」
「もっと早くからやりたいことをやっていれば良かった」

果たしてどんなふうに感じながら死を迎えたいのか。そこにヒントがあります。

臨終の場面から大幅にさかのぼって、現在のあなたには、まだまだ時間が残されています。残された時間の中で、何をしたいですか？　どんな人生を送りたいですか？

自分の死から逆算して、どんな人生を送りたいのかを思い描き、そのために仕事においてはどんな結果を残したいのか。日々の暮らしの中でどんな結果を出したいのか。それを考えてみてください。

それを絵にしたり、言葉に書き出したりしてみてください。

「気持ちが動くか」をバロメーターにする

どんな人生を送りたいのかが明確にできたら、それを実現するためにどんな行動をすればよいかを考えます。

あなたの人生をより良くするための方法も手段も無限にあります。無数の学校があり、無数の資格があり、無数の知識があります。しかし、すべてを等しく学ぶことはできません。すべてを学び尽くせる時間があるわけでもありません。

いずれにせよ、

何を学ぶのかを絞り込まなければなりません。

絞り込むためのヒントは、「あなたの気持ち」にあります。

気持ちが動くかどうか。

それがバロメーターです。

「これはやってみたい」
「あれはやりたくない」
「昔、あこがれていた」
「本当はやってみたかった」

など、あなたの気持ちが動いたとしたら、その知識やスキルを身につけたときに、自分の人生がどう変化するのか、目に浮かぶほどありありと思い描いてみてください。

「海外を飛び回って大きな取引をまとめている」
「たくさんのお客さんから拍手喝采をもらっている」
「自分にしかできないデザインの商品を世に送り出している」
「得意先企業の業績を劇的に改善できている」
「目の前のお客様が笑顔になっている」
「世界一の実績を上げている」
「世界初のサービスを提供している」

胸がワクワクしてきたり、うっとりしたり、ニヤニヤしてしまうとしたら、それはあなたの気持ちが動いた証拠です。そんな気持ちになれる分野の学びであれば、学んだだけで終わるということはありません。

学んだ知識やスキルを使って、必ずや行動することでしょう。

気持ちは「学び」と「行動」をつなぐ接着剤

「学び」を「行動」につなげることができるかどうかは、気持ちなのです。心躍る未来像を思い描いて、あなたの気持ちがワクワク、うっとり、ニヤニヤするようであれば、必ず行動できます。

それは、**心躍る未来像を実現したいという「サイン」だから**です。

仮に、今までは学んでも行動できなかったとしても、それは、これまでの学びがあなたの心躍る未来像につながっていなかったからなのです。

学びを行動に結びつけたければ、「気持ち」がワクワク、うっとり、ニヤニヤする心躍る未来像をはっきりと思い描いてみましょう。

心躍る未来像は、ある日ある時ある一秒間のスナップショットのようなものです。

ありたい未来の暮らしのスナップショットはいくつもあります。仕事をしている最中もあれば、家でくつろいでいるときとか、休暇で自然を満喫しているときとか、友人と楽しい会話をしているときとか、企画に没頭しているときや白熱した会議に参加しているときなど、無数の場面があるはずです。

あなたにとって理想的な心躍る未来像をたくさん思い描いてください。

毎日一回、思い描く時間を作るとよいでしょう。

心躍る未来像はあなたを牽引《けんいん》してくれます。心躍る未来像があなたを引き寄せるのです。

SECTION2

行動につなげる学習とは何か？

心躍る未来像が鍵を握っている

心躍る未来像がいくつも見えてきたら、その未来像を実現するためのプロセスを検討してみましょう。

実現のプロセスで、

- **何が起きて欲しいのか**
- **何を起こしたいのか**
- **そのために自分の知識として何が必要なのか**
- **そのために自分のスキルとして何が必要なのか**

これらを思いつく限り書き出してください。

心躍る未来像が実現した未来がいつなのかによって、今からその時までの時間が決まります。その時間の中で、何を学び、何を実行していくとよいのかを考えてみましょう。

たとえば、将来南米チリと輸出入の商売をしたいと考えたとします。すると、必要なモノが見えてきます。

・チリへの訪問実績
・現地情報
・貿易の知識
・プレゼン能力
・国際的な営業能力
・英語またはスペイン語の能力
・国内のビジネスパートナー
・現地の信頼できるビジネスパートナー
・輸出入する商材についてのリサーチ
・開業
・法人登記手続き

・開業資金
・ホームページ（日本語・英語・スペイン語）
・事務所
・倉庫
・融資を受けるための事業計画

思いついたままに書いてみましたが、これが自分の心躍る未来像であれば、いくつも挙げられるはずです。

心躍る未来像を実現するために必要なモノが見えてきたら、その中でも自分がやらなければならないものと、他人に任せたほうがいいものを分けてみましょう。

専門業務は専門家に委託するとか、言葉は通訳に頼むということもできます。すべてを自分がやる必要はありません。自分にしかできないものは何で、それをどのように手に入れるかを考えるのです。

行動から結果へ

心躍る未来像から逆算して、そのために行動することを前提として、行動の質を高めたり、促進したり、加速させるために「学ぶ」のです。

「学びを活かして行動する」のでも悪くはありません。その場合、心躍る未来像から逆算して、過去の学びを「活かす」か、過去の学びを前提に心躍る未来像を思い描き、そのための行動をするかのどちらかです。

これまでの学びは一旦脇において発想することも大事です。過去は過去、未来は未来です。これまでに何を学んだかはどうでもよいのです。これからどうありたいかが大事。そう考えて、ゼロベースで心躍る未来像を思い描きましょう。

その心躍る未来像を実現するために行動する。その行動のために必要な学びをする。

そのように考えてみると、何をどれくらい学べばよいかがわかります。

良質な英語学習法の本を読むと、必ず「英語学習の目的は何かをはっきりさせましょう」と書いてあります。目的を明確にしないと、意味のない学習となり、面白くもないために勉強が続かなくなるからです。

英語に限らず、**あなたの学習を心躍る未来像につなげることが「行動」を加速させ「結果」を生み出すことにつながります。**

結果から貢献へ

さらに心躍る未来像を拡張させていくと、ますますやる気が高まります。

どのように拡張するかというと、他人や社会への貢献の視点を強くするのです。

自分にとって最高な状態が、同時に、他人や関係する人々、社会にとっても最高である状態です。あなたが喜び、あなたのお客様が喜び、第三者も喜び、地域社会も、日本国民も、アジアの人々も、世界中の人々も歓喜にあふれかえった状態を思い描くのです。

そこまで行くと、もはや私利私欲ではありません。あなたのやりたいことが全世界にとっての望みでもあるのです。

私はそのような状態を、

「魂が悦ぶ®」

と表現しています。

心理学者のユングにならえば、人は集合無意識を共有しているのです。いわば魂はつながっているといえるでしょう。つながりあった魂が、自分の活動によって共鳴し歓喜に沸き返るとしたら、誰にとっても幸せで愉快な状態が生まれます。そこを目指したいのです。

そのような「魂が悦ぶ®」状態を作るためのキーワードは「貢献」です。

貢献から行動へ

そもそも私たちは、他人に貢献しないでは生きていけないように宿命づけられています。

どんな商売をしても、お客様が喜ばない限り取引は成立しません。コンビニで歯ブラシを買うのも、スーパーで魚を買うのも、高級車を購入するのも、旅行チケットを購入するのも、お客様にとって必要でそれが好ましく、手に入れることで喜ぶから購入するのです。

まったく誰の役にも立たない企業や商売は存続することができません。

「成功しよう！」と頑張るよりも、「貢献しよう、役に立とう」と最初から考えていけば、道は開けます。あなたのやりたいことが他人の役に立ち、あなたの学ぶことが他人の役に立つ。そういったイメージを強く持ってください。他人の役に立つものは、求められ、協力する人が現れ、応援されるようになります。

そのための「学び」と「行動」を選択していきましょう。

できる限り受益者を増やすことを考える

「結果」を出すためにもっとも大事な考え方は、常に受益者は誰か、受益者を増やすにはどうすればよいかという考え方です。

学びを学びのまま「楽しい、楽しい」で終わるとしたら、それは趣味であり、エンタテインメントとしての学びです。その時の受益者はあなた自身だということになります。どんな結果もあなた自身の上に出現します。

趣味として学んだ津軽三味線も、趣味として終わらせるならば受益者は自分になります。他人にとやかく言われる必要はありません。しかし、津軽三味線を老人ホームで演奏したり、ライヴハウスで演奏したりして、お客様を楽しませるようになると、受益者はあなたのみならず演奏を聴いたお客様も含まれます。

あなたの演奏を楽しんだお客様が元気になって、帰宅後に家族とのコミュニケーションが良くなったり、職場の同僚に良い影響を与えるようになったりすると、さらに家族や職場の同僚まで受益者が広がります。

実は、**いわゆる「結果」とは、あなた一人に出現するものではなく、あなたを含む複数の受益者の上に出現するもの**なのです。多くの受益者を満足させたり、感動を与えたり、利便性を提供したりするときに、「結果」が生まれるのです。

たとえば、大型ホテル建設の提案が通ったという「結果」を生んだとしたら、お施主さんの心に感動を与え、コストパフォーマンスも良く、予想される宿泊客や利用客の皆様の反応も良いことが想定されたということです。多数の受益者に満足や感動や利便性を与えたからこそ「結果」を出すことができたのです。

「学び」を「結果」に変えるということは、できるだけ多くの受益者を生み出そうとすることなのです。

CHAPTER 03

SECTION3

「夢のための学習」は行動・結果に直結する

「やる気の素」を無視しない

心躍る未来像を思い描きましょうと言いました。心躍る未来像とは、ひと言でいえば「夢」です。子どもの頃には、よく語っていたはずの「将来の夢」のことで、今の時点で思い描く将来の夢のことです。

「でも、なかなかイメージするのが難しくて……」

そんなふうに感じた方もいるかも知れません。未来像を思い描くことができなくても問題はありません。未来のことで経験していないのでイメージがしづらくても当たり前です。その代わりに、

・過去の楽しかった経験
・没頭した体験
・苦難を乗り越えた体験

・非常に充実感のあった体験
・幸せを満喫した体験

などはなかったでしょうか。自分の実際の体験を思い出してみてください。その時にどこにいて、誰と一緒で、何を、どんなふうにしていたのか。それを目に浮かぶほどありありと思い起こしてみるのです。その場面にすっかりと浸って、追体験を楽しんでください。しばらく味わってから、その体験の

・何が良かったのか
・どうして良かったのか
・ひと言で言うなら、どんな体験だと言えそうか

ということを考えてみてください。たとえば、

「生涯忘れられないヒーロー体験」

CHAPTER 03

「全員が祝福してくれた瞬間」

「わおおおお！　と叫び出したくなった体験」


などと、あなたにとってしっくりくる言葉で名前をつけてください。

その「名前」の体験は、あなたの価値観を表しています。体験それぞれに、それぞれの価値観が表れていますので、複数の価値観を引き出すことができたことになります。

価値観から未来像を思い描く

それら過去の体験から引き出された価値観を、将来の仕事や人生において再び味わえるとしたらどんなことをして、どんな場面で、誰と、何を、どうしているでしょうか。

5W2H(What, Who, When, Where, Why, How, How much)に落とし込みながら、具体的な場面を思い描いてみてください。

今度は、思い描きやすくなると思います。過去の体験から価値観を引き出し、その価値観を将来において実現した状況が心躍る未来像として思い描きましょう。過去の体験を、実感をもって思い出すと、未来像も思い描きやすくなるはずです。

SECTION4

藤由式「活かす」読書術

本を読むのは、学習法としては基本中の基本です。

私たちは文字を読めることに感謝しなければなりません。教育のない国では、文字の読めない人がたくさんいます。文字が読めなければ、どんな知識も体験と人から聞くしか得られません。本から学べる私たちは恵まれているのです。

しかし、私たちは、単に喜んでばかりはいられません。できるならば「活かす」ための読書をしていきたいのです。

読書にはいくつかの目的が考えられます。

・楽しみのため
・知識・情報・知恵を得るため
・人格を磨くため

CHAPTER 03

・人生を変えるため

時と場合、本と人によってその目的は異なるでしょう。いくつかの目的を併せ持つこともあります。いずれの場合であっても、結果を生み出したいのであれば、「活かす」読書を目指しましょう。

「活かす」読書とは、楽しもうが、知識を得ようが、知恵を得ようが、人格を磨こうが、人生を変えようが、とにかく何らかの形でアウトプットすることです。

ここでは3つの活かし方を紹介します。

会話に活かす

読書から得られた知識・情報・知恵は、ただ話題にするだけでも活かすことができます。本の内容やその断片を誰かに話すだけで、記憶の定着に役立ち、さらに理解を深めることができます。同僚や取引先、プロジェクトメンバーの方々に、あなたの読んだ本の内容を紹介してみましょう。

「何を話せばよいのかがわからない」

そんなふうに感じる方は、本を読んだら、誰かに話すことを想定してメモを取るようにするとよいでしょう。

中でも、次に掲げる8つの項目に分けて、ひと言でも記録しておくといつでも語ることができるようになります。項目は、話題にするときの切り口にもなっています。一つひとつの項目を埋めるようにして、ワープロ文書やメモ帳に記録して保管しておくといいでしょう。筆者は項目を忘れないように頭文字をつなげて「タブンハナシガヨウチ」と覚えています。

話題にするための8項目「タブンハナシガヨウチ」

1. タ………「単語」キーワード。
2. ブン……「文」心に刺さったセンテンス。
3. ハ………「話」心に残ったエピソード。小話。
4. ナ………「名前」固有名詞や登場する名称。
5. シ………「主張」心に残ったメッセージや、著者が強調したかったこと。
6. ガ………「概念」書中で取り上げられたコンセプトや考え方。

7．ヨウ……「要約」本の内容のダイジェスト。

8．チ………「著者」略歴や人生など。

もしも記録していなくても、本の話題になったらこの8項目「タブンハナシガヨウチ」を思い出せば、話題を展開することができます。

行動に活かす

ビジネス書は特に、知識・情報のみならず、スキルやノウハウについてわかりやすく書いてあります。読んで納得するだけではなく、実践してこそ活きるものがほとんどです。**ビジネス書は、読んだら必ずあなたの生活やビジネスに関連づける**ようにしましょう。そうすると行動に活かすことができるようになります。

実は、ビジネス書のみならずどんな本も、それこそ小説であっても絵本であっても行動に活かすことができます。

何を読んでも行動に活かすための方法を紹介します。

どんな本でも、読んでみると、そこには問題を見いだすことができます。ビジネス書というのは、その問題を解決するための知識・情報・スキル・ノウハウを書いたものです。

小説であれば、何か事件があり、事件の展開とともに登場人物が思考し行動し、なんらかの結末にたどり着きます。その中にもやはり、問題を見いだすことができます。物語の展開によって、なんらかの解決を見ます。当然、解決しないという結末もあるでしょうが、問題があれば必ず解決した姿を想像することができます。主人公が危機に陥れば、危機からの脱出が、一目惚れをすれば恋愛の成就、対立が起これば対立の克服などです。

そのように考えると、どんな本を読んだとしても、その本の中には、「問題」が隠れているのです。「問題」が見つかれば、そこには想定される「解決」があるのです。「問題」のある状況が「解決」に至る「過程」も想定することができます。「過程」は一瞬であることもあれば、長い道のりであることもあるでしょう。

そうなると「過程」のスタート地点には最初の一歩、最初に行動を想定することができるのです。

このように考えて本を読んだら、次の３つステップで考えるようにするのです。

読書を行動に活かす3ステップ

（1）この本に含まれている「問題」とは何か？
（2）この本に含まれている「解決」とは何か？
（3）「解決」に至る「過程」を歩むための「最初の一歩」は何か？

たとえば、現在話題に上ることの多い「労働と働き方」についての本を読んだら、その「問題」の核心は何かということを考えます。それが「非人道的労働環境」や「国際的な労働コストのゆがみ」や「過度の利便性追求による報復」だと思ったのならば、その「解決」は何だろうかと考えてみます。それは「一人ひとりが自分らしく働き、活き活きと生きることのできる社会の実現」だと感じたならば、その状態を現実のものとするために、今からでもできることは何だろうかと考えます。

たとえば、「自分らしい働き方はどんなものか、じっくり考えてみよう」となるかも知れませんし、「意思を伝える技術を学ぼう」とか「働き方のブログを開設して情報をもっと集めて発信していこう」というふうになるかも知れません。

自分にとっての「解決」だけでなく、親しい人や知人、同僚、取引先、地域社会、国際社会についての「解決」を想定すれば、また違った「最初の一歩」を見いだすことができます。

国際情勢についての本であっても、料理の本であっても、恋愛小説であっても同じように考えることができます。3つのステップを踏んで「最初の一歩」を見いだすことができれば、読書体験を行動に変換することができます。

行動し始めれば、現実が変化します。つまり、学びが現実を動かしはじめるのです。

人脈作りに活かす

本は、単独で存在しているものではありません。他の本につながり、全世界とつながっています。どんな本にも著者がいますが、著者は他の人とつながり、やはり全世界とつながっているのです。本を切り口にして、本のみならず、著者やその他の人とつながっていくと、人脈作りに活かすことができます。

私は、アイディア創出法や発想法に昔から興味があり、色々な本を読んでいたときに、『出現する未来』（ピーター・センゲ他著　講談社）と『シンクロニシティ』『源泉』（ジョセフ・ジャウォースキー著　英治出版）という本を読み、その中に触れられている「U理論」という概念に興味を持ちました。

本の中では、ＭＩＴ（マサチューセッツ工科大学）のオットー・シャーマー博士が執筆中だという記述がありました。

「U理論」という言葉に惹かれながら出版を待っていたら、ついに英語で『U Theory』という本が出ます。

思わず原書で購入し、最初だけ読み始めました。途中で投げ出してしまいましたが、その後日本語版の翻訳がはじまっているという情報に接しました。

翻訳にたずさわり、なおかつU理論のセミナーも開催している人を知ることになりました。それがオーセンティックワークス株式会社の中土井僚さんでした。

中土井さんと由佐美加子さんの翻訳になる『U理論』（オットー・シャーマー著　英治出版）は刊行後すぐに購入して、中土井さんのワークショップに参加しました。非常に刺激的で面白かったので、当時委員長をしていた全プラス労働組合で中土井さんを講師にお招きしてワークショップを行いました。

拙著の読者さんもよくメールをくださり、中には講演会やワークショップに参加される方もいます。一冊の本から人生を変えているのです。

今は、ブログやフェイスブック、ツイッター、リンクトイン（ビジネス特化型ＳＮＳ）など著者と直接つながる方法がいくらでもあります。外国人著者であっても、同じです。

著者とつながる時には、単にフォローするというのでも構いません。しかし双方向のつながりを持ちたいという場合は、メールやメッセージなどできちんと挨拶すると良いでしょう。メールを送りながらも匿名というのは礼を失していると思われますので、ごく普通のマナーを守って接するほうが良いです。

著者のサイトなどがわかれば、メルマガを購読したり、講演会・セミナーの開催情報、新刊情報などを得たり、動画をダウンロードしたりするなど、さらに情報を得ることができます。

藤由式
〈活かす〉読書術

会話に活かす読書術

誰かに話すことを想定して本を読み、メモを取るようにする
その際、「タブンハナシガヨウチ」の８項目に分けて、ひと言ずつでも記録していく
（109ページ参照）

行動に活かす読書術

スキルやノウハウを学べる本を読んだら納得するだけでなく、生活やビジネスに関連づけ実践してみる
本に含まれる問題と解決を見つけ、そのための行動を決める

人脈作りに活かす読書術

本を切り口にして著者やその他の人とつながるようにする
読書だけで終わらず、SNSやブログ、講演会などをチェックしてフォローする
またはメールや感想を送ってみる

SECTION5

学習は「図解×言い換え」でまとめる

「脳にインストールする」は大嘘!

最近「成功者の脳をインストールする」とか「確実に成功するテンプレートを手に入れる」とか、情報をそのまま取り入れれば成功できるという表現をときどき目にします。

しかし、脳の仕組みを考えると、パソコンのソフトをインストールするようには新しい知識や技術を取り入れることはできません。

なぜならば、人間には人それぞれの人格があり、思考パターンやそれまでに蓄えた知識やスキルの体系があるからです。

矛盾する情報を入れたとしたら、それを統合するプロセスが必要なのです。

ただ単に、読んだり、聞いたりして、理解することができたとしても、自ら行動できるまでに自分ものにしていなければ、「活かす」ことはできません。

それは映画を一本観たからといって、その映画を撮れないのと一緒です。一流のバレエを見たら、すぐに同じバレエを踊れるのかと言えば、それはまず不可能でしょう。

「インストール」とか「テンプレート」というのは、情報を売りたい人の売り文句に過ぎないということを覚えておきましょう。

ではどうすればよいのでしょうか。

記憶の仕組みと読後の関わり

記憶の仕組みから言えば、経験はすべて脳に記録されます。

しかし、記録されても取り出すことができなければ、それは記憶していると言える状態ではありません。ちょうど、パソコンの中にファイルを格納したけど、ファイル名がわからないようなものです。検索にも引っかからず、ログにも残っていなかったら、ファイルは存在しないも同じことです。

人間の脳の場合は、一度記憶したモノを、何度も思い出すとか呼び起こすことをすればするほど、記憶が定着します。さらに、自分の人格との統合がなされていなければ、単なる情報にすぎず、活用することができません。

そのため受動的・自動的なインプットよりも、能動的・自発的な関わりをしたほうがいいのです。

速読だけでも要点は入れることができるというのも事実ですが、深いところを理解したり、まったく新しいことを理解したりするためには、単に速読しただけで終わらせないことが重要です。

記憶に残ったものを何度も思い出すことによって、脳内のニューロンが新たに同じような結合を繰り返します。その結合が強化・更新されることによって記憶が定着するのです。そして、ニューロンが再結合することで、記憶を思い出します。

速読で読んだだけで読みっぱなしにしてしまえば、ニューロンの再結合が起こらないので思い出すのは難しくなるでしょう。

そのため本を読んだら、速読でも精読でも考えをまとめて文章にしたり、図解にまとめたりするほうが良いのです。

学びは自分流でまとめてみる

学んだら自分流にまとめてみましょう。

まずはメモを取り、言葉にするだけでもかまいません。文章にしようとすると途端に難

CHAPTER 03

しくなると感じる方は、箇条書きをオススメします。思いつくままに箇条書きにしましょう。

箇条書きをノートや白紙に書きつける代わりに、一項目を一枚のフセンに書き出してみるのもいいでしょう。その場合、一枚一枚のフセンを並べ替えて貼り直しながら、自分の理解を深めていきましょう。

マインドマップを描ける方は、マインドマップにしてまとめるのも効果的です。

マインドマップを知らない方は、たくさんの入門書が出ていますので、一冊読んでみることをオススメします。

マインドマップを知らなくてもすぐにできる図解というのもあります。それは箇条書きの代わりに、キーワードを書き出して円で囲むやり方です。一つキーワードを書くたびに円で囲み、キーワード同士を線でつなげていく方法です。円で囲んだキーワードを書き加えていく過程で、いつのまにか、言葉と言葉の関係性が紙の上に表現されて、頭の中が整理できます。

自分の言葉で言い換える

自分なりのまとめをしていくと、次第に、概念が自分のものになってきます。そうしたら、ぜひ、自分の言葉で言い換えてみてください。

著者・講師の独特な表現や分野ごとの専門用語、学問的に正確を期されて却ってわかりにくい表現などは、ばっさりとわかりやすく自分の言葉で言い換えてみてください。

口頭で他人に説明する際には、コピー&ペーストで引用することなどできません。自分の言葉になっていないと、学んだことを他人に説明できないのです。

自分の言葉にするときに役立つのは、**比喩やたとえ話**です。

「どういうことか」をわかりやすい言葉に変換するのです。

現在の国際情勢を戦国時代にたとえたり、機械の構造を会社組織にたとえたりといったことです。

他人に伝えて役に立つためには、伝わる表現を工夫する必要があります。そのためには、まず自分にとってわかりやすい表現をすることから始めましょう。

自分にとってわかりやすい表現ができたら、中学生にもわかりやすくとか、最先端技術

CHAPTER 03

などであれば自分の祖父母にもわかるような表現というのを工夫していくといいでしょう。

たとえばコーチングやＮＬＰでは、「ラポール」という言葉が出てきます。学習者は、「クライアントといち早くラポールを築くことが大事だ」などと習うわけです。「ラポール」って何なのでしょうか。カウンセリングだとか心理技法について精通している人にとっては聞き慣れた言葉になっているとは思いますが、日本語で言い換えたらどうなるでしょうか。その言い換えに、自分の理解が表れます。

ラポールは、大雑把に言い換えるなら「信頼関係」とか「協働関係」です。互いに信頼できて協働したくなっている状態。「信頼・協働関係」といってもいいでしょう。ちょっと画数の多い漢字が並びすぎの嫌いもあるかも知れませんが、このように書くと、文字を見ただけで意味がわかります。「信頼と協働の関係なんだろう」と推測してもらえるのです。

まったく新しい概念は、日本語にないのは当たり前ですが、できるだけ近く表現するならどう言えるだろうかと考えることで、理解を深めることができるのです。

図にして理解を「深める」

学習においては言葉が中心になるのは仕方ないですが、言葉だけでは表しにくいことも多々あります。たとえば、アダム・スミスの『国富論』を読んでいたら、商品の価格が延々と書かれている記述にぶつかったことがあります。よく読んでみると、一覧表にしたら一目でわかることを、順番に文章で述べていたのです。

学習を深めるために理解を表現するときに、図表にしたらわかりやすいことというのもたくさんあります。

事象同士の関係や、人物の相関図、組織図、関係図などは図解するほうが、文字で説明されるよりもわかりやすくなります。

人に説明しないまでも、自分の理解を助けるために、**図解化する癖をつける**といいでしょう。図解化できれば、話が早くなり、商談などもまとまりやすくなります。

また、白紙にペンやマーカーなど好きな筆記具を動かして、絵や図にして表現してみましょう。

感覚的な描画で結構です。図解として表現したければ図解もいいですし、意味のわからない抽象画のような絵でもかまいません。学んだあなたの感覚を二次元の平面に表現してみると、そこから更に気づくことも出てきます。

たとえ話にして「深める」

理解するとは、**自分の理解の枠組みで世界を捉えることであり、理解の枠組み自体を学習内容によって組み替えるということ**です。

「現実」なるものが、そのまま頭の中に入るわけではなく、自分なりに変形させ、おさまりよく改変し、わかったつもりになることでもあります。

そのように理解したことを表現するときに、誇張してその本質をわかりやすく伝えるためには、「たとえ話」はとても有効です。

たとえば高野秀行さんは『ミャンマーの柳生一族』（集英社文庫）という本を書かれていますが、これはミャンマーを訪れた著者達が見た当時の軍事政権を、江戸幕府に見立てた旅行記です。その「見立て」こそが「たとえ話」です。そこに著者の批評眼や解釈が表れています。自分の見たもの、聞いたものをたとえ話でわかりやすく伝えるのと同じように、学んだことをたとえ話にして語ることによって、学びを深めることができるのです。

たとえ話で語る練習をしておくと、いつでも自分の学びを他人にわかりやすく伝えることができるので、すぐにアウトプットができるようになります。

音楽にして「深める」

学びの中心は言葉ですが、伝えたいことが言葉ではないこともままあります。言葉は完全無欠なコミュニケーションツールではないのです。

たとえばリズムやメロディーは、言葉で表せません。また言葉では表し尽くせない感情というものもあります。そういった言葉からこぼれ落ちる感覚を、音で表現してみましょう。

鼻歌のようにして歌ってみても、楽器が弾ける方は楽器で表現してみてもいいですね。法律の条文を歌にするとか、経済政策をブルースにしてみるとか、楽しんでやってみると、さらに発見もあることでしょう。

私は、著書を書くたびにそのテーマソングを、シンガーソングライターのすわじゅんこさんに作ってもらっています。言葉では表し尽くせない、著書の持つエネルギーを歌にしたいと思っているからです。これは何も特別なことではなく、映画でもテレビ番組でも必

CHAPTER 03

ずテーマソングはあるのです。それは映像でも言葉でも表せないイメージを、音楽で表現しているのです。

あなたの学びも、言葉だけでは表し尽くせないものもあるはずです。音楽によって「深める」ということも試してみてください。

仲間に話して「深める」

学びを結果に変えたいならば、個人の中に留まらせておかずに、外に開いていかないといけません。あなたの生み出す知恵や知識を外に開くといっても、完璧になってからでなければいけないわけではありません。「深める」段階においても、外に開いてみましょう。具体的には親しい友人や仲間、同僚などに話してみましょう。

ショート・エッセイを書いて「深める」

どんなことを学んでいたとしても、自分の理解を深めるためには、学んだことを具体的な言葉にすることが大事です。言葉にするにしても「良かったです」とか「ためになりました」では、深まりません。

学びを深めるためにも、ショート・エッセイを書いてみてはどうでしょうか。エッセイといっても、雑誌に掲載されているようなしゃれた随筆のことではありません。主題がありそれを説明したり、論証したりして、結論に導く論文です。ショートですから小論文です。気取る必要はなく、考えをきちんと整理して文章にするのです。

どう書けば良いのかわからなければ、
①主題・証明・結論
②序論・本論・結論
③結論・証明・結論
などの構成で論じてみればいいでしょう。

独創的なアイディアでなくても、学んだことを学習の記録だと思って文章にしていくのです。学習の過程で起きた深い学びなどをA４用紙1～3枚くらいでまとめてみたら、読み応えのあるものが書けるでしょう。

書いたからといってすぐに公開しなくても構いません。今の時代、すぐにSNSやブログで発表しなければという強迫観念があります。発表してもいいのですが、一度作ってからためておく期間を持つことをオススメします。

特に自分の気づきの場合、人目を気にしすぎると「こんなことを言えば格好良いかな」などという、よこしまな気持ちによって「偽りの気づき」が生まれてしまい「本来の気づき」なのかどうかが自分でもわからなくなります。

このようなことがあるので、公表する「外向きの言葉」と、公表しない「内向きの言葉」を区別することをオススメしています。まずは公表しない内向きの言葉を書いて、少し寝かせてから外向きの言葉に加工して発表するのです。こうすると、内容も表現もよく熟してから公開することができます。

そうは言っても、内向きだろうが外向きだろうが、ショート・エッセイで何を書いたら良いのかと思う方には、次の**「深めるための七想」**をヒントにして書いてみてはいかがでしょうか。

SECTION6

学びを深める「七想」メソッド

①感想

単に感じたことを書きます。感じたことですから、良いも悪いもありません。うまいへたも関係ありません。ビジネス書を一冊読んで、

「面白くなかった」
「著者の提案に意外性がないと感じた」
「○○という本の主張と似ていると思った」

でOK。もしも洞察を深めたいのであれば、まずこの「感想」を書いてから、どうしてそのように感じたのかを分析してみるといいでしょう。そうすれば感想よりも深いものが書けます。

まずは、どう感じたのかをありのままに受け止めて、それを言葉にしてみましょう。どんな学びも、同時にあなたにある種の感覚を与えるのです。

学びはその感覚を踏まえなければ先に進みません。学習だからといって感覚や感情を無視すると、活かせないどころか、身につくこともありません。

②連想

学んだことから、連想したことを書きます。まったく関係のないことであってもかまいません。経済の歴史についての本を読んだら、

「海外の事例を読んで、日本で起きた事件を思い出した」

「バブルがあるならば、経済でバルーンというのはあるのだろうか」

このように、まず思いついた連想を書きとめます。連想とは、どこかに類似点を認めたときに思いつくものです。連想したことを認めて、そこから考察を始めれば、何が似ていて、何が違うのか、共通点と相違点を示しながら論を展開することができます。

「一を聞いて十を知る」というのは、連想をうまく使える人のことを評した言葉です。連想をうまく使えば応用できるようになります。異分野の事例を自分の専門に適用したり、異業種の成功事例を自社に取り入れたりというのも連想のうまい使い方です。

思考を緩めて連想してみましょう。

③ 妄想

学んだことから派生して、自由にむちゃくちゃに思いついたことを書きます。

妄想もあながち馬鹿にしたものではありません。それが新しいアイディアにつながる可能性もあるからです。

たとえば速読法についての本を読んで、次のように考えたとします。

「速読を究極に速くしていくと、時間の壁を越えるかも知れない。0秒で本を読む。その先には、読了時間マイナスという事態が生じ、読む前に理解するということがある。さらにマイナスになると、自分の理解を誰かが本にするということになる」

突拍子もないことであっても、あえて妄想を膨らませてみることで新しいヒントが生まれたり、かえって学んだことが浮き彫りになって理解が深まったりすることもあります。

これも書いてみることで面白い化学反応を見ることができるでしょう。

④ 瞑想

筆者のコーチングの師匠であり、株式会社イノベイティア（旧チームフロー）代表取締

CHAPTER 03

役の平本あきおさんによれば、瞑想とは、

「今ここで自分自身に起きていることやまわりの反応、状況などに気づき続けている状態」

（『聴くだけで集中力が高まるビジネス瞑想ＣＤブック』きこ書房刊）

という定義になります。さらに、

瞑想は「瞑想誘導の方法」と「瞑想本体」に分けられる

瞑想本体は、「『今ここ』に気づいている状態のこと」で、瞑想誘導の方法とは、瞑想状態を引き起こす動作のことです。（同書）

という構造になっているのだと教えてくれています。

瞑想についてよく知らない人は、瞑想の手順が無限に近いほどあるのを見て「瞑想誘導の方法」部分が瞑想だと勘違いしてしまうそうです。

しかし、すべての瞑想が、**「瞑想誘導の方法」**＋**「瞑想本体」**という構造になっており、「瞑想本体」を味わうために様々な方法があるだけであり、世界に数千種類ある瞑想法は、すべて「瞑想誘導の方法」のバリエーションに過ぎない、と言っています。

この解説は新鮮で、目から鱗が落ちました。

つまり、どんなやり方でもかまわない。自分に合ったものを選べばいいということです。さらに、どんな本もどんな講義も「瞑想誘導の方法」として使うことができるのです。

本を読み、あるいは講義を聴いて、それが終わったら、しばしの間、目を閉じて、自分の内面を見つめるのです。

こうすると学んだことを起点にして、瞑想することができるのです。学んだ内容を反芻《はんすう》することになるかも知れませんし、学んだ内容をイメージとして体験するかも知れません。このようにして学習後の瞑想から得られた気づきを書きとめます。

⑤夢想

学んだことから理想的な状態を制限なく思い描いたものを書きます。学んだ内容が最高で最良な状態で実現するとしたらどんなことが起こるのかを、ありありと思い描いてみます。

夢想を別の言葉で言い換えるならば、

「一切の制約を取り払ったときのありたい姿」

「自分にとって最高に都合の良い未来の姿」

「あり得ないほど幸運な未来」

などと呼べるような想像のことです。

たとえば、福祉政策の課題についての講演を聞いたならば、

「ならば演者の言っていた最高の福祉政策がなされているときの世界はどんなふうになっているのだろうか」

などと設問を立てて、考えていくのです。ありありとそれが実現されている世界を思い描いてから、その世界を実現するためにできる最初の一歩を探し出すこともできます。

起業のネタや現状の改善ポイントなどを発見し、そのために行動を開始することもできるでしょう。

⑥ 幻想

もしもあり得ないような状況や事象が思いついたらそれを書きます。虚実ないまぜのイメージです。連想や妄想、瞑想、夢想をすべてつぎ込んで、一緒くたにして思い描きます。そして、そこに今それが目の前に展開しているかのように想像して、それを文章にまとめるのです。

あり得ないような組み合わせは、美術の世界ではコラージュの技法を使って探究されてきました。私たちの創造力は無限です。幻想的な想像は、その奥に私たちの本当の願いや希望を秘めています。

将来の成功のイメージが、銀河系の果ての星の暮らしであってもいいのです。学びを表現するのにSF的に表現したり、時代小説や三国志の世界に比べたりしてもいいでしょう。幻想的な比喩で理解できることもあるはずです。

人類が開発してきた新技術というのは、誰かが幻想の中に見いだしたものだったといえるでしょう。月にまで届く砲弾はロケットに結実し、神話の中の空を飛ぶ仙人や神様のイメージは飛行機にもなったのです。

⑦ 構想

学んだことを起点として建設的な、自分の進みたい未来を描きます。構想は、きちんと筋道を立てて現実的に考えることです。学んだことを建設的に実現するための道筋を明確にします。

きちんと構想できたら、夢の実現は確固たるものになるでしょう。

構想の構造は、次のようにまとめることができます。

1．起点の状況（現状や過去の状況）

2．過程の状況（どのように推移させるのか、必要な行動は何か）

3．結果の状況（どうなりたいのか。最終形）

どんなプランもこの3要素を詳細に述べているにすぎません。もう少し詳しく述べたければ5W2H（174頁参照）で具体化すればいいのです。構想を具体化すれば、現実化することができるかどうかがわかります。あとは実行に移すだけです。

学んで行動やその結果を構想することができれば、確実にあなたの人生は変化し、そして、「結果」を生むことになります。

このように七想を手がかりにすると、学びをより一層深めたり、広げたりすることができます。深めて広めると、ちょうど一つの学びに無数のフックがついたような状態になるので、学びを活かす道が見えやすくなるのです。

フセンにメモをとる

構想を深めるためには、七想に加えてフセンを使うのも有効です。

フセンは、スリーエム社のポストイットが有名ですが、文具メーカー各社が「のり付きメモ」「貼ってはがせるメモ」などとして販売しています。

フセンの良さは、貼ってはがせるというところです。ノートや白紙に、フセンを貼ってみてしっくりこなければその配置を直すことができます。何度も貼ったりはがしたりを繰り返すことを考えると、価格は割高ですが「強粘着」タイプのフセンがオススメです。

KJ法的な使い方もできますし、行動計画を考えたり、一人でアイディア出しをしたりする際にも役立ちます（ＫＪ法とは、考案した文化人類学者の川喜田二郎氏のイニシャルをとった略称で、１枚のカードに１つの情報だけ記し、グループにまとめて記述していく技法。『発想法創造性開発のために』（中公新書）を参照してください）。

まさに「学習を深める」のに適したツールです。

フセンを使った自己探求については、『フセンで考えるとうまくいく：頭と心が忙しい人のための自分整理術22』（平本あきお著　現代書林）がオススメです。

ノートに記録を取る

七想を行って思考を深めていくと様々な気づきが生まれます。人によって考え方は違うでしょうが、七想による気づきを人生に活かすためのノートを用意することをオススメします。気づきを深めるためのノートです。

ノートには、七想中やその前後に気づいたことを何でも書き込んでいきましょう。自分らしい表現を工夫したり、図解したりするとなお良いです。パソコンをはじめとするデジタルツールに文字入力するよりも、手書きで記録していくことをオススメします。

手書きはなんといっても、思考をそのまま記録するのに最適です。文字の変換などの手間がいらず、文字だけでなく図を描くこともできます。ノートの上で私たちは自由自在です。

手書きの難点は、再利用するのが難しいところにあります。

それでもデジタル情報で保存したい方は、手書きで書いたモノを画像や文字情報としてデジタルに取り込むアプリやソフトもあるようですので、そのようなものも使ってデジタル記録していくと良いでしょう。

私は、これまで日記に始まり、詩を書くノート、武術の稽古日誌、文芸作品を考えるためのノート、瞑想記録ノート、日常の振り返りのノート、コーチング記録ノートなどを書いてきました。元々はそのように分けて書いていたのですが、やがて、様々なことがつながり合っていることに気づき、今では、それら複数のノートを一つにまとめて『魂が悦ぶ®ノート』と名づけて、何でも書き込むようにしています。

学習を振り返り、何を学んだかをノートに書き込むとしたら、それがそのまま学習であり、復習であり、記憶の定着に役立つと最新の脳科学では言われています。

さて、学びを深める「七想」メソッドはいかがでしたか?

CHAPTER 03

「七つもあると覚えておくのが大変だ！」

そんな声が聞こえてきそうです。でも大丈夫、七つを覚えておく方法があります。

「七想」の頭文字をつなげて、何度も口ずさんで覚えてしまうのです。

感連妄瞑夢幻構（かんれんもうめいむげんこう）

ちょうどお経の文句のように、何度も口ずさんでみてください。口で覚えてしまえば、いつでも学びを深める「七想」メソッドを使うことができます。

感連妄瞑夢幻構（かんれんもうめいむげんこう）
感連妄瞑夢幻構（かんれんもうめいむげんこう）
感連妄瞑夢幻構（かんれんもうめいむげんこう）

ぜひ、楽しんで覚えてしまってください。

IN

CHAPTER 04
「学び」を100%自分のものにする「活かす」行動法

OUT

SECTION 1

「視座転換」で行動力を高める

「結果」の出る行動とは、誰かのためになる行動

成果主義が日本中の企業で採用されるようになって久しいですが、その頃からとにかく「結果がすべてだ」と考えるのが当たり前のように語られるようになりました。プロセスがなければ結果も生まれないのに、です。

そのため誰もが「結果」「結果」というようになったわけですが、多くの方が重視する「結果」とは本当は何なのでしょうか。

立場次第でその「結果」は人それぞれに異なるものでしょう。

・目標達成
・売上金額
・利益金額
・お客様への貢献

・欠陥改善
・問題解決
・製品やサービスの完成・受注・納品
・競合者に対する勝利
・お客様または他人からの感謝
・紹介の発生
・口《くち》コミの発生

いろいろありますが、単純化すると、結局「誰かのための貢献」ができたかどうかが、結果を評価する決め手です。

自分一人で満足しても、それは結果を出したとは言われません。他人に迷惑を掛けても、良い結果だとは言われません。お客様をはじめとする他人に貢献し、感謝までされたら、それは「結果を出した」と言えるでしょう。

貢献とは役に立つという意味です。ある商品が欲しいというニーズを、商品の販売によって満たしたとすると、それは一つの貢献です。求められていないことをしても貢献になららず、当然売買も成立せず、感謝もされません。
つまり、誰かの役に立つことこそが、結果につながるのです。

他人の視座に立つ

「学び」を活かそうとするならば、誰の役に立てるだろうかと考えると「活かす」ためのアイディアが出てきやすくなります。

まったく役に立たないと思われたアイディアでさえ、誰かの役に立てないだろうかと考えると活かす道が生まれることがあるのです。

たとえば、前章でも言及したスリーエム社のポストイット。接着剤の開発中に、接着力の弱い溶剤ができてしまったところ、それを失敗作としないで、

「活かす道を考えた」のです。

メモ用紙は、書いて机の上に置いておいても風で飛んだり、どこかに紛れたりするとなくなってしまう。一つの所に貼り付いていればなくならない。従来であればそのために、セロファンテープで貼るか、接着剤で何かに貼るしかありませんでした。しかし、従来の

接着剤で貼ると、しっかり貼られてしまうのではがせません。一次的なメモ用紙は、用がすめば捨てたいわけです。しっかり貼られているとはがしたときに、接着剤が残ってしまい相手側の紙や机その他が汚くなってしまいます。

そこで、メモ用紙の一部にその溶剤を塗り、貼ってはがせるメモとしての潜在需要があると考えるようになり、開発が進行したのです。

活かそうという意図をもつから、活かせるのです。そして、活かそうと思ったら、他者の視座に立ってみるとよいのです。その視座からしか発想できない情報を得ることができます。

たとえば、大人の私たちが、生まれ育った懐かしい町並みを歩いてみると、

「こんなに道は狭かっただろうか」

などと感じることがあります。

それは、**幼少期の視座と現在の視座が違うため**です。

子どもの頃のことを思い出そうと思うならば、屈んでその頃の目の高さになってみると色々な感覚が蘇ってきます。私たちは、あらゆる経験を特定の視座から体験しているのです。

『E.T.』という映画がありましたが、『E.T.』の目の高さから見たカメラワークが多用されていました。それも視座の違いが世界把握の違いになるということを踏まえた演出だったのだと思います。

視座を自由にチェンジする

私たちの行動には、普通に考えるよりも多数の利害関係者がいます。

たとえば、車の営業をしている人にとって、最大の利害関係者は、お客様で、購入を決めるかどうかが最大の関心事です。購入の前後のサービスに細心の注意を払って仕事をされていると思います。

しかし、車の購入だけをみても、購入の決定権者の家族も利害関係者なのです。家族のために購入するかも知れませんし、知人や友人とドライブに行くのが主な目的かも知れません。

車が車道に出れば、他の車の運転手、歩行者も立派な利害関係者です。車の物質的側面からしたら、道路や道路を整備する事業者や交通法規を取り仕切る警察官も利害関係者です。

ここまで述べたのは、商品を売った先の利害関係者です。売る前の製造工程における利害関係者もいます。車の部品メーカーや物流業者、原材料メーカー、原産地の人々など。サプライチェーンのすべての構成員が、利害関係者です。

あなたの学びを活かそうと思うならば、**あなたが関わる、ビジネスの連鎖における利害関係者すべての立場に立って考えてみると、活かす道を探すことができます。**

誰もが喜ぶ行動は、自ずと加速する

利害関係者は目の前の人だけではないということを理解したならば、無数の利害関係者がそれこそ無数の要望を持っていることがわかるはずです。すると、それらの要望が満たされると満足したり、感謝するのだということが容易に想像できると思います。

目の前の人を一人喜ばせただけでも、同時にその人の周りで喜ぶ人がいるのです。もしも想定する利害関係者を多くすることができたら、さらにその先の利害関係者が喜ぶことになります。

車の例で言えば、走っているのを見て、カッコイイと思ったり、燃費が良いという情報を聞いたり、走行音が静かなことを目の前で見て実感したとか、友人に乗せてもらったらとても乗り心地が良かったとか、満足し喜んだ人が多ければ多いほど求められ、商品は売れます。

八方美人になるということではなく、結果として誰もが喜ぶ行動になれば、応援してくれる人が増え、商品やサービスが、売れてしまうのです。

行動力を高める〈視座転換〉とは

KEYWORD

視座転換

視座というのは、ものを見る「視点と立場」のこと
普段は物事を見たり解釈したりするときは、
自分の視座でしか見ていない

自分の視座からしか見ていない

いろんな人の立場や視点から自分の物事を見直してみる

視座を変えると、物事の見方や理解が深まる
相手から見た利害関係や気持ちや考え方をとらえやすくなり、
自分の思考や考え方も変化する

視座を変えるだけで、行動できない原因が解消される

SECTION2

本当は何をしたいか質問すると行動力が高まる

アファメーションはもうやめよう

アファメーションという自己変革法があります。

「私はできる！」
「私は試験に合格している！」
「私は巨大な富を手に入れている！」

など、自分のなりたい姿を現在形の宣言文にして、何度も口に出すことで潜在意識の中に、その内容をたたき込み、人生を変えるという方法が「アファメーション」と呼ばれています。

ありたい姿を言葉にしてことあるごとに唱えたり、時間を定めて毎日唱えたりする言葉による自己暗示法の一種です。

アファメーションには、ひとつだけ難点があります。

１００％その通りだと実感を持って唱えることができると良いのですが、いくらかでも疑念があると、唱える度に疑念を思い出すことになってしまいます。

「私はできる！（ほんとかなあ、不安だ……）」

「私は試験に合格している！（最近勉強できていない、落ちるかも……）」

このように疑念を同時に想起し続けると、その疑念も潜在意識にどんどんすり込まれてしまうのです。言葉を繰り返すことで潜在意識に入るということは確かですが、何をどのような気持ちで入れるかによって効果に違いが出るのです。

むしろ、質問を唱えるほうが安全で確実です。

たとえば、試験に合格するということでしたら、

「試験に合格するためにできることは何だろう？」

「試験合格を確実にするために今日できることは何だろう？」

これからできることや、これからやることを質問形式で投げかけてみてください。この

ような質問を繰り返し唱えていると、あなたの脳が自然にその答えを求めるようになります。

「今日、問題を一問でも解いてみよう！」

「あの参考書を読んでみよう！」

などという感じでアイディアが思い浮かぶようになるのです。

質問の仕方もいろいろ工夫をしてみるといいでしょう。

「今、一番大事なことは何だろう？」

「今日を最高の一日にするためにできることは何だろう？」

「お客様を喜ばせるためにできることは何だろう？」

「お客様の問題解決に今もっとも役立つ情報は何だろう？」

「自分にとっての成功って何だろう？」

「学びを活かすためにできることは何だろう？」

「もっと効果的な学習はどんなやり方だろう？」

いくらでも質問を作ることができます。質問の作り方は、欲しいモノを思い描いて、それを手に入れるためにできることは何だろうかと考えることです。

質問を繰り返し唱えていると、私たちの頭脳はついつい答えを探してしまいます。眠っているときにも、ほかに何かをしているときにも、どうもずっと探し続けるようなのです。

そのため、ひょんなきっかけで、

「ああ！　そうかあのカードのマイルを使えばタダ同然で手に入るぞ！」

などとアイディアが見つかるのです。

人を動かしたければ質問を使え

質問というのは大変パワフルなコミュニケーションの形式です。

質問とは、聞きたいことを問いかけるとか、疑問点を問いかけることです。その上で、質問の効果を考えてみましょう。質問された側の反応はどのようなものかということです。

質問をされたら、多くの人は答えようとします。

そもそも、質問されたからといっても必ず答えなければならないわけではありません。

警察に逮捕されても、黙秘権があるように、普段の会話であっても答えない権利があります。答えなくてもいいのですが、頭の中ではどうでしょうか？

人は誰でも質問されると、ついつい答えを考えてしまうのです。

質問をされたら、答えるか、答えなくとも答えをついつい考えてしまうものです。それは、質問が他人を動かす力を持っているからなのです。

そのため、誰かを動かしたいというときに、

「○○をしろ！」

と命令しなくても、人を動かすことができます。

たとえば、

「○○していただけませんか？」

「明日までに○○していただけませんか？」

これも質問です。このように質問されたら、ついつい、「○○するかどうか」を考えてしまいます。考えた内容によっては、行動を促すこともあります。

「掃除していただけませんか？」と聞かれて、答えがイエスならば、その人は掃除をするでしょう。ごく当たり前のことですが、質問自体が人を動かすことのできるコミュニケーション形式となるのです。

命令は、命令権限のある人しか出せませんが、**質問はどんな立場の人でも、どんな立場の人に向かってでも発することができます。**極端な話では、新入社員が社長に対してでも質問という形でコミュニケーションをとることができるのです。

他人に対して、

「○○をやって欲しいんだけど、一番簡単にやれる方法は何？」

などと聞けば、一番簡単にやれる方法を考え始めるでしょう。

質問が人を動かすのだと考えたら、命令するだけとか、おもんぱかってもらうだけのコミュニケーション形式を脱して、もっと効果的なコミュニケーションをとることができます。

質問は自分を動かす

質問が人を動かすならば、自問自答はどうなるのでしょうか。やはり自分に対する質問は自分を動かします。

自問自答は、

自分に質問するから、自分が答えてしまうのです。

CHAPTER 04

「この先、どうしていこうか？」

「本当は、この一年どう過ごしたら満足のいく一年になるのだろうか？」

「この仕事で、自分は何を得たいのか？」

など自問していくと、その答えが出ないと気持ちが悪いので、ついつい考えてしまうのです。もしも答えが出たら、その答えと自分の行動が一致していないのは気持ち悪いので、ついつい行動してしまいます。

自分がしたいことがあるのであれば、

「俺は、英語を勉強するぞ！」

と気合いを入れて終わりにせずに、

「今日は、どうしたら楽しく英語を勉強できるだろう？」

などと自問するのです。そうすると、楽しく勉強する方法を自ずと考え始めます。答えが出たら、それこそ自分に相応《ふさわ》しい答えなので、自然と行動するでしょう。

自分を動かすために、質問を駆使していくと、学びを活かすこともできます。

「どうしたらこの学びが人の役に立ち、ビジネスにも結びつけられるだろうか？」

「学んだことを活かすための場をみつけるにはどうしたらいいだろう？」

この質問の力を自分に対して使うことができると、自分自身が思わず答えを考えてしまい、結果としてその答えを実践することにもなるのです。

それは行動を分解して、少しずつ進められるようにしているのと同じです。

行動が行動を呼ぶ

「類は友を呼ぶ」という言葉がありますが、行動は行動を呼びます。

どういうことかというと、**行動を起こすと、周囲の人や環境がそれに応じた行動を起こす**のです。あなたの行動は世界に波紋を起こします。一つの行動は次の行動を、次の行動はその次の行動を促すからなのです。

たとえば、メールを一通送れば、返信がやってきます。返信に書かれた内容に反応して、何か行動を起こせば、そこから新しい展開が始まります。人に会いに行けば、そこからビジネスのアイディアが生まれたり、一緒に行うプロジェクトがスタートしたりします。何も行動せず、誰とも会わなければ何も起こりません。これを昔の人は「案ずるより産むが易し」と言ったのです。

雪だるまを作るときに、小さな雪の球を作って転がしていけば、大きな雪の塊ができる

ように、

小さな行動が回転していくと、たくさんの行動を集めていくのです。

また、一つ行動すれば、必ず何らかの「気づき」を得ることができます。その気づきを活かして次の行動を起こせば、またまた気づきを得ます。失敗を恐れるな、というのはこのことです。失敗に思えることであっても、そこから教訓や情報を得ることができます。その失敗がなければ得られない貴重な教訓や情報です。

行動は、さらに人に影響を与えます。

たとえば、業績が低迷している部門の営業職の人が、俄然やる気を出して、とてつもない訪問件数をこなし、やがて大口案件を受注したとしたら、今まで士気が下がっていた他の営業職も「自分だってできるはず」と思って発奮し、営業に力を入れ始めるということもあります。特に、人が幸せになるような行動は、他の人に同じような行動をしたくさせるものがあります。

行動してみると、必要なことなのかそうではないのかがわかります。

本当に必要でなければ、その行動を続けることができません。だから、やるべきか否か迷っているならば、まずはやってしまうことです。やってみて違うと思えば、すぐに止めればいいのです。

行動し、視座を移動させることで、理解を深め、次の行動のヒントを得ていけば、まさに行動は行動を呼び、好循環を生み出すことができます。

SECTION3

一点集中、一点突破で行動する

同時にいくつものことをやらない

なぜ集中力が必要だと言われるのでしょうか。創造性を発揮し高度な知的労働のために集中力が必要だということは指摘されています。

それ以外にも理由があります。それは私たちの制約にまつわる理由です。

私たちは一日に24時間しか持っていません。また、自分の体は一つしかありません。脳も一つしかありません。

時間的・肉体的な制限があるため、いくつものことを同時にするには不向きなのです。

そのため、やりたいことがたくさんあったとしても行動を絞らないと、とてもではないですが一日24時間の中に収めることができないのです。

また、紙に針を突き立てると簡単に穴を空けることができるのは針の先端に力が集中するからです。穴が空くことは、ビジネスにおいて効果を発揮することのたとえです。

全力でことに当たるためには集中する

「一生懸命」という言葉がありますが、もともとは「一所懸命」だったところが、「いっしょうけんめい」と発音されるうちに、「一所」が「一生」と書かれるようになり、それが定着したのだと聞いたことがあります。

そんな意見を聞いて、なるほどそんなものかと思っていましたが、集中力の問題を考えたときに、「一生懸命」なのか、「一所懸命」なのかでは言葉の意味がまったく変わってしまうと考えるようになりました。

「一所」つまり、ひとつの場所に、自分の命を懸けるというのが、一所懸命という文字通りの意味です。

しかし、「一生」に自分の命を懸けるということになると、それは当たり前すぎて何も意味していないということがわかります。自分の一生は、自分の命の限りなのですから、そこに命を懸けるというのは同語反復に過ぎないのです。

多所懸命という言葉はありませんが、複数の場所に命を懸けるのではなく、一所に命を懸けるのだという意味で一所懸命というのだと思えば、これは、一つのことに集中する、一つのことに全力を傾ける、一つのことに全身全霊を傾けるというのと同じ意味だということがわかってきます。

一度につぎ込める力は有限です。有限の力を最大限有効に活かすためには、一つのことに集中させることが大事です。たとえば、ある顧客企業一社への提案に集中するということです。一日の業務時間をすべてその一社への提案に費やすことで、仕事の質と量を高めることができます。企業が分業の体制をつくるのは、部門ごとに集中する業務を分けることで効率と効果を高めているのです。

持てる力を分散させずに集中させることによって、ビジネスの質と量を高めましょう。

成功は「堤防の決壊」と同じ

全力を投入して頑張り続けてもなかなか成果が現れないこともあります。そうなると、「本当にこのままで良いのだろうか?」とか「やっぱり無理なのではないか?」などと不安が頭をよぎるかも知れません。

しかし、成功というのは、川が増水して堤防が決壊するようなものです。傾注した努力が蓄積されて、**ある閾値《いきち》を超えた瞬間に突如、質と量の変化が起こり、成功と呼ばれる現**

象が出現するのです。

たとえば、お客様に提案をし続けても長らく注文が入らないとしても、ある時ちょうどあなたの提案を求めていたお客様と出会う日が来ます。受注した日から振り返れば、それまでの期間は辛くとも受注までの道のりだったわけです。しかし、受注する日が来ることを信じられずに活動を止めたり、手を抜いたりしてしまえば、チャンスが来てもそのチャンスをつかめません。

あなたの叶えたい夢が、あなたにとって望ましく、多くの人のためになり、世界が喜ぶことであるならば、自信を持って突き進んでください。試行錯誤を繰り返し、あらゆる可能性を試しながら行動を継続していきましょう。

自分の強みに集中する

学校の勉強では、苦手科目の克服など弱点の強化が大事だとされています。学校のテストや入学試験は、出題範囲が決まっており、学習内容の枠内のことだけを考えれば良く、点数には「満点」という上限があります。得意科目をいくら勉強しても「満点」以上の点数を取ることができません。複数科目があるなかで、成績を上げるためには、得意科目は落とさないようにして、あとは苦手科目の克服と弱点の強化が点数を上げる最短コースなのです。

しかしビジネスにおいては、学校の勉強のような範囲がありません。「満点」という上限もありません。自分や自社の強みでお客様に貢献することで売上と利益を上げるのです。勝負する範囲が無限です。弱点をカバーすることよりも先に強みをつくること。そして、その強みをさらに強くすることが大事なのです。

ヒット商品を企画したら、その売上金額の可能性は無限です。ロングセラー商品ともなれば年を重ねるごとに売上金額は積み重なっていきます。

ビジネスパーソンにおいては、自分の強みが何かを考える機会を半年に一度でも定期的に持つといいでしょう。プレゼンが得意なのか、資料づくりか、統計処理か、プログラミングか、会計か、人脈づくりか、何でも結構です。あなたの強みを見つけ出して、それを伸ばしていきましょう。

もしも強みが見つからなかったとしても、これから強化したいものを決めて、日々の活動の中で強化していきましょう。

弱みの克服よりも先に、強みの強化です。

SECTION4

行動の10秒ルール

チャンスは今にしかない

「一期一会」とは茶道の言葉ですが、「一期」とは人の一生のことで、「一会」とは一度の出会いのことです。したがって「一期一会」とは、「一生に一度の出会い」のことです。茶を介した人との出会いは、「一生に一度」のことであり、「同じ出会いは二度とない」という認識を表しています。人生の常に一度限りの一瞬一瞬を大切に思う気持ちと同時に、戦国時代の明日をも知れぬ日々を生きる武人の緊張感も伝わってきます。

茶道のみならず、すべてのことは一期一会です。二度と同じことは起こりません。ビジネスのチャンスも同様に「一期一会」です。時は流れ、状況も環境も条件もすべてが変化する中で、**まったく同じチャンスが再び現れることはありません**。

一度きりの人生で、一度きりのチャンスの連続を生きる私たちが取り組むすべての学びや努力は、

①チャンスを見つけるため
②チャンスをつかむため
③チャンスを活かすため

であると言えます。

チャンスはいつくるかわかりません。大量に行動せよと言われるのは、チャンスと出会う確率を高めているのです。

チャンスを目の前にしながら、それに気づくことができなければ、チャンスはないも同然です。そのために、チャンスに気づくことのできる知恵や知識、情報、教養を高める必要があります。学ぶことで、目の前に現れたチャンスに気づけるようになりたいのです。

また、それをつかめなければチャンスはないのと同じです。さらに、チャンスをつかんだとしても、活かせなければまったく意味がありません。

したがって、学びとは、**「チャンスを見つけ、つかみ、活かすために行う」**のだと考えましょう。

理屈は後、今すぐやる

チャンスを見つけることができたら、即行動することが大切です。それが成功の秘訣です。判断を迫られたら、10秒で行動に移しましょう。やらないというのも決断です。やると決めたら、10秒以内に小さなアクションを起こすこと。

気づいただけで行動しなければチャンスは逃げて行ってしまうからです。

昔から「チャンスの神様は前髪しかない」という言い方がありますが、チャンスをつかむという行動をすぐにしないといけません。

四の五の理屈を考えるのは後にしましょう。

論理は所詮、後付けです。

あなたの直感が「チャンスだ！」と思ったのならば行動してみることです。やってみると、変化が起きます。直感が正しかった場合は、最速で前進できます。直感が正しくなかった場合、すぐに「違う」と気づくでしょう。気づけば、ＯＫ。それはあなたに相応しいチャンスではなかったのだとわかったのです。

もしも行動せずに、「やろうかどうしようか」と考えるばかりで日数が過ぎていったらどうでしょうか。チャンスかどうかは一向にわからないのです。そのくせ気になったままなのです。チャンスだと思ったら試してみる。違えば撤退する。そうやっていけば、どんどんチャンスと出会う確率が上がっていきます。

それでも「失敗したらどうしよう?」とか「取り返しのつかないことになったらどうしよう?」という不安があるかもしれません。

その場合は、

できるだけ小さなことをやって試してみるのです。

絵を描くときに下書きをしたり、製品を作る際にプロトタイプを作ったり、ペンの試し書きをするようなものです。

高額教材や高額セミナーに「ピン!」と来ていながら不安が残る場合、お試しの教材を取り寄せてみたり、内容紹介のミニセミナーに参加してみたりしましょう。実際に触れてみれば、自分にとって必要かどうかがわかります。思い悩んでいるよりも小さな行動をし始めることが大事です。

心に余裕をつくると、結果が出やすくなる

すぐやるというときに、悲壮な決意で取り組むというのはオススメしません。なぜなら、悲壮な決意では、視野が狭くなり、気分も落ちてしまうからです。せいぜい緊張していることで力がみなぎっているかのように感じられても、伸びやかさや精神的なゆとりがなくなってしまいます。

悲壮な決意、ではなく、伸びやかにワクワクとした気分で取り組みましょう。私たちの可能性は無限大なのです。すぐにやってみて、違えば路線を変更したり、撤退したりできます。仮にうまくいかなかったとしても、あとからもっと素晴らしいチャンスがやってくるかもしれません。

変化できる気持ちの余裕を持ちましょう。

そのためには、「これしかない！」「これがないとダメだ！」などと制限する思考をせずに、「これもできるし、あれもできる。その中でもこれがいい！」とか「みんな素晴らしい。中でも気に入ったのはこれだ！」というような表現をするようにしてみましょう。

準備万端ならば「すぐやる」ことができる

すぐやると言っても、気掛かりがあったり、仕掛かりの仕事があったりして、準備ができていないと、すぐに行動できず、もたもたしてしまいます。これでは、せっかくのチャンスを目の前にしながら指をくわえて見ているということになりかねません。

すぐ行動するためには、すぐに動ける状態になっていることが肝心です。

まず、それは、スペースを空けておくということです。スペースとは、チャンスを受け入れる余裕のことです。


心理的な余裕、社会関係的な余裕、物理的・空間的な余裕が必要です。

「心理的な余裕」を作るためには、規則正しい生活をし、ストレスをためないことです。リラックスする時間も取り、常に自分のできているところ、良いところを確認しておきましょう。自分を信頼できる状態は、心理的な余裕を生みます。

また「社会関係的な余裕」とは、身の回りの人との関係を良好にしておくことで生まれます。

誰かと反目し合っているとか、誰かとは口もきけないとか、人間関係がこじれているという場合、余裕がなくなってしまいます。行動しようとするときに、人間関係に足を引っ張られないようにしておくということです。

「物理的・空間的な余裕」とは、身の回りを整理整頓し、不要不急の無駄な物は捨てたり、手放したりしておくことによって作られます。

以前より断捨離とかミニマリズム（最小限主義）という考え方が流行っていますが、チャンスを逃さず行動するためには、身軽であることが重要なのです。

気掛かり、仕掛かり、散らかりは整理しておくようにしましょう。

SECTION5

夢を叶える第一歩は紙に書くこと

私たちの願いの9割は抽象的

私たちが考えていることは、ほとんど抽象的です。

このように言うと、「そんなことはないだろう。結構、些末で具体的なことしか考えていないと思うぞ」と感じられる方もいるでしょう。

しかしどうでしょうか。こんな独り言を言っていませんか？

「もっと楽な仕事ないかなあ？」

「給料上げて欲しいよ」

「彼女（彼）が欲しい！」

「海外に行きたい！」

「休みを取って旅行でもしたいなあ」

「本を出してみたい」

「海外との取引を仕事にしたい」

こういったセリフは、一見すると具体的なようで、まったく具体的な情報がありません。たとえば、「楽な仕事」とは具体的には何でしょうか。はっきりイメージできますか？

実は、なんとなくの雰囲気があるだけで、具体的にはわかっていません。やってみた、楽だなあと感じたものなら、その人にとって楽な仕事かもしれませんが、それがどんな仕事なのかは、このセリフを語っている時点ではまったく見えていないのです。

「海外に行きたい」というのもそうです。海外とはどこでしょうか。日本から海外に行くとしても、海外という土地はありません。現代社会では、いずれかの国の領土・領海でないところに行くことはなかなか難しい話です。

私たちの願いは、もともと抽象的で曖昧なのです。

願いが抽象的な次元に留まっている限り、実現することはありません。願いを実現するために必要なのが「夢を描く」ということです。

CHAPTER 04

夢を描く＝「具体化」する

では、夢を描くということはなんでしょうか？

それは「具体化する」ということです。

たとえば「成功したい」と思っているならば、あなたにとって「成功」とは何を意味しているのか、いつまでにどこでどうやって、結果としてどういう状態になることなのか、何を成し遂げたら成功といえるのか、ということを具体的にするということです。

具体化するためにはその願いが実現したときの状況を、５Ｗ２Ｈを使って明確にしましょう。

誰が、誰に（Who）
何が、何を（What）
いつ（When）
どこで（Where）
どうして（Why）

どのように（Ｈｏｗ）
どれくらい（Ｈｏｗ　ｍｕｃｈ）

たとえば、英語を使って海外との新規取引で成功したいという願いであれば、今年中に（Ｗｈｅｎ）自分（Ｗｈｏ）が自社の海外取引責任者となり、自社売上を３倍（Ｈｏｗ　ｍｕｃｈ）に拡大するために（Ｗｈｙ）、ニューヨークで（Ｗｈｅｒｅ）、互いの利益を確保しながら相乗効果を上げながら（Ｈｏｗ）ＡＢＣ社との新規取引契約（Ｗｈａｔ）を成立させる、という具合に５Ｗ２Ｈを埋めると具体的な姿や状況が明確になっていきます。

その次には夢の意味を明確にしていきます。

５Ｗ２Ｈで明確にした夢は自分にとってどんな意味があるのでしょうか。

たとえば、ニューヨークのＡＢＣ社との新規取引が実現したら、「ＡＢＣ社との商談をしに現地に出向き、現地企業の人と交渉することで、アメリカの商習慣を理解しながらアメリカと日本とをビジネスにおいてつなぐことができる。それは自分にとっては友好的な世界平和の一端を担う誇らしい体験だ。同時に、本場の風景を見て感動しながら、知見が広がり、世界の多様性や人生の豊かさを実感できる」という意味があるのかもしれません。

さらに、その夢に関わる利害関係者にどんな影響を与えるのかを明確にしましょう。利害関係者というのは、その夢に関連するすべての関係者ということです。

ニューヨークの企業との新規取引の件でいうならば、自社の社長、部長、同僚、ABC社の取引先社長、担当者、米国市場でお客様となる人々、国内の仕入れ先担当者、自分の家族、親族、国内市場のお客様、同業他社、知人、友人などなどです。それらの各利害関係者にとってどんな意味があり、どんな影響をもたらすのかを明確にしていきます。

これらすべてが明確になれば、ハッキリと夢に描けたということになります。ここまで明確にした上でならば、ビジネスの企画を書面にまとめて社内で提案することもできます。個人的な夢であれば、それを一緒に実現したい相手に説明したり、勧誘したりすることもできます。

具体化しないと欲しくないものを引き寄せる

願いを具体化することは、欲しいものを明確にすることです。具体化することで、

①欲しいものを「つかむ」

②欲しいものを「つくる」

という2つのことを可能にします。

具体的に夢に描くからこそ、日常生活の中で、その欲しいものや状況が目に飛び込んでくるようになります。さらに欲しいものや状況が目の前に現れたら、すぐに飛びつくことができます。

たとえば、ニューヨーク企業との新規取引をしたいという願いを具体的に思い描くと、新聞や雑誌などでニューヨークに関する情報を発見しやすくなります。ふとテレビをつけたとき特集をやっていたり、知人の中にニューヨークにたずさわる人がいることに気づいたりし始めます。

逆に、願いを具体的に描かないとどうなるでしょうか。自分の夢が具体的に見えていないので、

①欲しくもないものをつかんでしまう
②欲しくもないものをつくってしまう

という2つのことを呼び起こしてしまう可能性があります。なんとなく仕事で成功したいというだけだと、方法は無限にあるので、どれもこれも興味がわいて目移りしてしまいます。時間は有限なのでどれにも手を出すわけにいかず、手当たり次第に手を出して、心に響くものに出会えず時間と労力を無駄に掛けてしまう可能性があるのです。

あなたの願いは、具体化して明確化しなければ、あなたにすらわからない場合も多いのです。あなた好みの未来を具体的に思い描きましょう。あなたの好みを肯定するところから始めるのです。あなたの生きたい人生はあなたにしかわかりません。

書くということは現実化の第一歩

願いを夢に描き、具体化することができたら、次はこれをさらに現実のものとするための一歩を踏み出すことです。

頭の中で夢を描いただけでは、まだこの現実の世界に根を下ろした状態とは言えません。現実には、「個人的現実」と「社会的現実」、そして「物理的現実」があります。

「個人的現実」は、特に頭の中で思い描いた自分にとっての現実です。

「社会的現実」は、その思いが他人と共有されたものです。

「物理的現実」とは、まさに物質的に存在する現実です。

あなたの具体化された夢を言葉にして紙に書き出してください。すると、物理的現実にその言葉が出現したことになります。誰もが確認を取ることのできる物理的現実が動きはじめるのです。

たしかに、海外企業との新規取引は物理的現実として完成したわけではありませんが、その夢をあなたが描いたのだという物理的痕跡を物質に出現させたのです。

幻ではない物理的現実です。

紙に書き出すというのは、パソコンに入力するというのでもいいのですが、できればプリントアウトしましょう。印字された紙を手で触れ、眼で見ることができるということが、現実であることを確認させてくれます。

これを他人に伝えたり話したりすれば、社会的現実も動きはじめます。夢を描いてもそのままにしてしまうと、現実に根を下ろさずにいつの間にか消えてしまうということになりかねません。現実化するための小さな行動が、紙に書くということです。言葉でなくてスケッチのようなもの、図にするということでもかまいません。

SECTION6

お金でレバレッジをかける

足し算をかけ算にする

学びを結果に変えるために、お金に関する考え方を変えましょう。

私たちは、お金のことを考えると、「節約する」とか、「貯蓄して増やす」とか「収入と支出のバランスをとる」とかということを考えてしまいます。

収入と支出のバランスを考えるのはお金を考えることについての基礎ではありますが、これは「足し算の世界」です。固定された月給の範囲内で支出するならば残額が積み重なりお金は増えていきます。それは貯蓄であり節約です。

お金には、もう一つ投資という側面があります。

投資とは資本を投入することです。たとえば、工場を建てて生産設備を用意するためにお金を投じます。その生産設備は、製品を生産し、その製品を売ることによって利益を生み出すことができます。

生産設備を用意するための資本投下は一度きりですが、製品の生産によって何度も利益を生み出すことができます。一の投資で何度も結果を得ると考えるならば「かけ算の世界」です。

お金はエネルギー

お金は、行動するためのエネルギーです。エネルギーは、ガソリンのようなものです。日々生活をしていると、何をするにもお金がかかります。食べるためにも食費が、どこかに出かけるにも交通費が、学ぶためにもセミナー代や書籍代が、見聞を広めるための旅行にも宿泊費や交通費がかかります。

そのエネルギーは、貯蓄に回すこともできれば、投資に回すこともできます。

お金の使い方は、あなたの人生の目的次第で変わります。あなたの目的を達成した姿を夢に描き、その夢を達成するためにお金をどのように使うかを考えましょう。足し算の貯蓄型か、それともかけ算の投資型か、という二者択一ではなく、両者のうまい配分を考えるのです。

あなたの夢を実現するために、どのように貯蓄を増やし、増やしたお金を何に投資するのか、投資することで何を生み出すのかを明確にしていくのです。

たとえば、海外企業との仕事をする上で必要な英語力が欲しいとします。月々の給料を貯めて英会話のスクールに通う資金をつくり、スクールの授業料を支払うというのは、英語力をつけるための自己投資です。貯蓄と投資が組み合わせられています。

貯蓄して終わりではなく、自分の夢を実現するためには、投資が必要です。夢の実現のために行動を起こすことそれ自体が、自分の時間と労力という資本を投じる投資行動です。その行動にかかる経費も、投資のための必要経費です。

学びにも貯蓄型の学びと投資型の学びがある

お金と同じように、学びにも貯蓄型と投資型があります。貯蓄型は、収入と支出の差分が貯まっていくという発想です。学んだことが蓄積されていくという考え方です。

一方、投資型は、自分の資本を投じてあらたな富を生み出すという発想です。学んだことを何かに投じてあらたな知恵や価値や富を生み出していくのです。一つの知恵や技術をビジネスに活かすことで、何度も売上をあげて利益をあげるようにするという考え方です。

たとえば、コーチングのスキルを学んで、新しい知識と技能を身につけたとします。認識が変わり、世界も開けることが目的ならば、コーチング・スクールに対する授業料の支払いは消費です。特段、新たな知恵や価値や富を生みません。

しかし、有料でコーチングを提供していくプロのコーチになることを目的としていれば、コーチング・スクールへの授業料の支払いは投資です。

授業料と時間と労力を投じて、それ以後は、有料のセッションを提供し続けることができます。他者に貢献しお金を生み出し続けられるのです。

学び×行動＝お金

お金を何にどのように使うかによって生き金にも死に金にもなります。

いわば、**学びは貯蓄です。**

学びに行動を掛けあわせるとお金を生み出すことができます。

そのときに学びはさかのぼって投資行動だったということになります。

第2章で『「学び」を「結果」に変えるための3つの基本』を紹介しましたが、「どんなことでも活かす」というスタンスで、お金を生む行動をし、過去の学びを活用できると、過去の学びが貯蓄から投資に変わります。

行動によってお金を生み出すことができれば、そのお金の一部をまた学びに再投資していきましょう。そうすると、学びとお金の拡大再生産という好循環が生まれます。

1×1を無限大にする

どんなに自分は何もできないと思っている人でも、いくつもの能力を持っています。いまあなたが仕事をしていれば、その業界のことや、そこで取り組んでいる業務についての知識や能力を持っています。

同時に、学生時代に学んだこともあるはずです。語学ならば少なくとも英語は学んでいるでしょう。地元の歴史や文化について語れるとしたらそれもひとつの能力です。いくつかの能力を組み合わせるとオリジナルの新たな能力を生み出すことができます。

ただ能力があるだけですと、それは足し算の世界です。

コーチングを学んだ人が、趣味が写真だったとします。コーチングの能力が1、写真撮影の能力が1。仕事でコーチングをし、休日に写真を撮っているということならば、足し算です。足して2になるだけです。

しかしうまく組み合わせることができれば新しいサービスを生み出すことができます。

筆者が代表をつとめる株式会社Ｇｏｎｍａｔｕｓ所属コーチである和夏は、自身の写真撮影技術とコーチングやカウンセリング技術を融合して、「魅力引き出しフォトセッション」というオリジナル・サービスを開発しました。

お客様の内面探求を促し、内側から出てくる輝きを引き出して、それを写真におさめるサービスです。内面の変化を写真に定着させながら、継続して自分らしい人生を構築していくための強力なサポート・サービスです。

このように、複数の能力をうまく組み合わせると、オリジナルの新しいサービスが生まれ、その能力自体が他の追随を許さないものに磨き上げることができます。

数学なら「１＋１＝２」で「１×１＝１」です。しかし、一つの能力ともう一つ別の能力を掛け合わせると、答えは1とは限りません。

相乗効果を上げれば、５にも10にも１００にもなります。

活かすためには、1を1のまま提供するのではなく、1を5にも10にも１００にして提供できるようにすることが重要です。それこそ付加価値を生み出すということです。

SECTION7

世界を味方につけて夢を実現する

一人でできることはたかが知れている

企業で働いていると、まるで自分が大きな機械の一部品かひとつの歯車に過ぎないかのように思うかもしれません。企業活動の全体像を把握することなく働いていくとそんな気分になってしまいます。

企業活動のごく一部をこなしていくうちに、自分には大きなことなどできないと思い込まされてしまいます。その結果、独立するなどということはとても危険なことだと思い、組織を飛び出すことが怖くなります。

確かに一人でできることはたかが知れています。だからこそ人はグループを作り、チームを作り、組織を作るのです。経済活動をする主体性を持った組織が法人です。法人は、個人を超えた力を発揮します。複数の人間が協力し合うからこそ、一人では生み出せない能力を発揮し、価値を提供できるのです。

むしろ、一人で頑張らなくてもいいのだと考えてみてはいかがでしょうか。将来の夢を描こうとすると、こんな声が聞こえるかも知れません。

「そんな大それた夢なんか叶いっこない。やめておけ」

その声は、「一人でやろうとするならば」という条件のもとに発せられていないでしょうか。一人では叶わない大きな夢も、みんなで協力し合えば実現できます。不可能だとは限りません。**人類の歴史は、協力と実現の歴史です。**今ではどこにでも見られる超高層ビルにせよ大型旅客機にせよ、私たちの誰もが一人では建てることも製造することもできません。しかし、しかるべき建設会社や航空機会社が大勢の専門家を使って、組織立って活動するからこそ、不可能ではないのです。

大きな夢を考えましょう。一人ではできないようなことや大きすぎる夢を見ても良いのです。一人でやろうとする考えを手放しましょう。仲間とともに取り組めば、大きな夢も実現できます。

「自分一人で苦労して頑張る」から「みんなで楽しく協力する」へ

私たちはいつも「頑張れ」と言われて育ってきました。困難があれば「頑張れ」、目標があれば「頑張れ」、辛くても「頑張れ」。

「頑張る」という言葉には、苦労しても歯を食いしばって諦めずに取り組むというニュアンスがあります。その結果、私たちは、夢を持つとついつい「一人で苦労する」ことを選択しがちなのです。

しかし、一人でできることには限りがあるので、むしろ端《はな》から「一人で」ではなく「みんなで」、「苦労して」ではなく「楽しく」、「頑張る」のではなく「協力する」ということを考えてはいかがでしょうか。

「みんなで楽しく協力する」ことができれば、夢を制限する必要がありません。自分にできないことも、できる人と組めばいいのです。仲間ができないことで自分ができることはやってあげればいいのです。まさに人類が有史以来ずっとやってきていることです。

得意・不得意を理解する

人は一人ひとり違っています。生まれも育った環境も、家族構成も、経験も知識も認識もまったく異なっています。そのため何に楽しみを見いだすか、何が得意なのか、何にワクワクして、何をすると充実感が得られるのか、誰もが違っていて当たり前なのです。

そうだとすると誰もが理解し合えず、協力し合えないのかというとそうではありません。違いを理解することができるのです。違うからこそ互いの得意で、仲間の不得意を補うことができるのです。

違っているからこそ協力できるのです。

だから、互いの違いをよく理解しておくことが協力し合うための秘訣です。相手の得意は何か、不得意は何か、好きなことと嫌いなことを理解していると、違いが明確になり、夢や課題に対して仲間全体でカバーできる範囲が大きくなります。それによって夢の実現が容易になるのです。

たとえば、戦後生まれの日本企業の創業者の中には、エンジニアの専門家とマネジメントの専門家が組んで一流企業を生み育てた例がいくつもあります。それは、起業家が自分の得意不得意を理解するだけではなく、パートナーの得意不得意を良く理解して、**「活かし合った」からうまくいった**のです。

利用ではなく活用する

協力し合う仲間をよく理解することは、夢の実現にはとても大事なことです。さらに言えば、自分を取り巻く環境自体も、仲間と同じように接することで、味方につけることができます。

そのためには、まずは「知る」こと。そして「理解する」こと。その上で「活用する」ことです。活用するということは、活かすということであり、他者を活かすというのは、「活き活きと自発的に活動させる」ということでもあるのです。私利私欲のために「利用」するのではなく、それぞれの立場にいる人々が自分らしく、活き活きと自発的に活動する状態にするから「活用」です。

たとえば、あなたを取り巻く世界をすべて活用できたらどうでしょう。必要なものがすべて揃い、すべてを活用できたらどんなことができるでしょうか。世界を味方につけるから夢を実現できるのです。

IN

CHAPTER 05
「学び」を「活かす」ための5つの習慣

OUT

SECTION 1

変性意識状態の創造力を活かす

リラックスが基本

私たちの日常生活の意識状態は、日常意識と呼ばれますが、酔った状態や睡眠状態、集中、没頭、リラックスした状態、夢想・空想している状態などは一括りにして「変性意識状態」と呼ばれています。

一説によれば、人は通常、変性意識状態にあり、禅の修行者とか近頃流行のマインドフルネス瞑想をしている最中にしか、「今、ここ、目の前の現実に集中している状態」の意識にはなれないものだとも言われています。

ある調査では、日常生活の53％の時間は「今、ここ」の現実に意識を向けているが、47％の時間は、目の前の現実から気持ちが離れていて、過去のことや未来のことに意識が向いているという結果が出ています。

「今、ここ」に集中するという状態のほうが特殊だからこそ、瞑想によって「今、ここ」に意識を向けることが大事になってきます。筆者は、ヘミシンクという技術で、意識のコントロール法を徹底的に学びました。

意識を使いこなすトレーニングをするために、一番にやるべきことは、リラックスした状態です。体も心も緩んだ状態です。特段何かに集中するわけではありません。

軽く目を閉じて、ひとまず自分の呼吸に意識を向けて、体の各部を順番に意識しながら、全身をリラックスさせるとよいでしょう。

ヨーガや座禅などは座った状態で、姿勢を維持したり、意識したりすることが重要であるかも知れませんが、その道の指導者がいない場合は、楽な姿勢で横になってください。仰向けになって寝てみましょう。姿勢に気を遣う必要はありません。軽く目をつぶると、そのまま眠ってしまうかも知れませんが、それならそれでかまいません。目覚めていられるのであれば、呼吸に意識を向けて眠らないように努めてみても結構です。

アラームなどをセットしておいて、決めた時間だけその状態でリラックスすることをしてみてください。

集中モード

私たちの生活は、注意を分散させるもので満たされています。SNSはじめ、スマホなどの携帯デジタルツールやゲームなど、新しいサービスはどれもこれも私たちの注意を分散させるものばかりです。一つのことに集中するのがますます難しい環境になってきています。

同時に、仕事における集中力が、現代ほど求められている時代はないでしょう。かつてドラッカーが「知識労働者（ナレッジ・ワーカー）」と呼び、ロバート・ライシュが「シンボリック・マネジャー」と呼んだ知的労働者は、現在では珍しくもなくなってしまいました。

あらゆる行為は機械やコンピュータ、はたまたＡＩ（人工知能）がこなしてしまう時代です。人間にしかできないことがどんどん狭まっている中で、**人間にしかできないことの基準がどんどん高まっている**のです。

一人ひとりが高度な要求に応えるためにも、集中できるかどうかはビジネスパーソンの基礎的な能力にさえなってきています。

そのような状況だからこそ、今、瞑想が注目を浴びているのでしょう。瞑想によって、心でもやもや考えていることから身を離して、ただ眺める視座が得られます。そのため瞑想によって、集中力を高めることができるのです。あらゆる雑念に左右されず、自分の意図した対象に意識を集中させることができるためです。

集中力をつけるためには、瞑想をすることもいいのですが、集中用のヘミシンクCDを聴くことでも鍛えることができます。

想像は創造的行為

集中することができたら、その上で何を求められているのでしょうか？　それは、誰も考えもしなかったような画期的なアイディアや、デザイン、仕組み、言葉です。

ゼロから1を生み出すことが求められるようになり、アイディア創出法に注目が集まっています。集中して創造することが求められているのです。

創造力は、想像力によって支えられています。今までにないものを想像できる力が、創造力だからです。

子どもの頃は、様々なことを考えては遊びに工夫をしていました。ねじ一つをUFOに見立てて遊んだり、滑り台の階段の下が秘密基地になったりしました。想像力で、そこにないものを見、あるかのごとく振る舞えたのです。想像力は誰にもありますが、大人になるといつの間にか使わなくなってしまうのです。

良識や常識にとらわれて**想像力を使わないうちに、創造力も発揮できなくなってしまっている人がとても多い**のは残念なことです。

ヘミシンクＣＤを聴いたり、瞑想をしたりして、既存の枠組みを超え出たり、既存の事物を俯瞰することができたりすれば、想像力は再び活性化します。何かを思い描こうと思えばすぐに思い描けます。その思い描く力が創造力でもあるのです。

妄想力は発想力

もしも、想像力というだけでは、まだ自由に想像できないというのであれば、「妄想」でもかまいません。自由に妄想してみましょう。突拍子もないこと、あり得ないこと、口から出任せ、なんでもありです。妄想したからと言って、お金はかかりません。自由に妄想してみてください。

妄想と言っても、まだ足りなければ、「あなたにとって都合の良すぎる世界」を考えてみてください。

「そんなに都合良くいくものか！」

と突っ込みを入れられてしまうくらいのご都合主義的妄想です。自分がうっとりと酔いしれてしまうような都合の良い世界。それを妄想できれば、その妄想力は発想力を刺激し、創造力を強化します。

想像できるものは、やがて現実のものになると言われています。

空を飛びたいと思った人がいたから、今では飛行機で地球上どこへでも移動ができ、宇宙に飛び出したいと思った人がいたから現在の宇宙開発があるのです。

腕時計型のテレビ電話というのも昔は、ＳＦかマンガの中にしかありませんでしたが、むしろそこで描かれていたからこそ、現在現実の物となっているのです。

想像できたものは、現実のものになる。

ならば、あなたの都合の良い妄想も現実にすることができるのではないでしょうか。それが本当か否かは、自分の人生をかけて検証してみるとよいでしょう。

SECTION2

繰り返しを馬鹿にしない

身につけるからこそ活かせる

身につけるためには、何度も繰り返す必要があります。

繰り返しと言っても、同じことを漫然と繰り返すわけではありません。野球のバットの素振りでも、漫然と振っていたのでは上達しないでしょう。一回一回、思ったような軌道で振れるようにスイングします。毎回、理想形を再現しようとする行為が繰り返すということです。質の向上につながるように繰り返すのです。

繰り返しとは、単純な反復ではなく「再創造を継続する」ということなのです。繰り返しの一回一回は常に新しく、毎回意味があるのです。

活かすことを繰り返すことで、無意識に「活かす」ことができるようになります。

最初は意識的に目の前の課題と無数の学びとを組み合わせるということを続けましょう。次第に意識しないでも、学びを組み合わせて活かすことができるようになります。

コーチングの技術でも英語でも同じですが、スキル学習は学んだ教科書通りのことを知っているだけでは、めざましい「結果」を生み出すことはできません。学んだもの以上のものを提供するからこそお代をいただけるのです。学んだものを繰り返し実践し、質が向上すると、学んだときよりも大きなサービスを提供できるのです。

ですから、ただ漫然と同じことを繰り返すということではありません。

学びを活かそうとすることを何度も繰り返すのです。

繰り返すと学びが身につき、その学びを提供するときのサービスの質が上がります。

学び、繰り返し、学びが身につき、質が高まる。高まった質を提供するからこそ、質の高い結果を生み出すことができるのです。品質を向上させるということは、価値を加えるということです。

遊び心で場数を踏む

何事も自ら行動する場合は楽しくなります。人から強制されるとなかなか楽しめないものです。ビジネススキルを学ぶときに、自発的に学ぶものもあれば、会社や上司の命令で学んでこなければならないこともあります。

学びは自発性がないと身につきません。会社の命令であっても、自分の人生の一部分を使って学び、身につけなければならないのです。どうせなら受け身ではなく自発的な姿勢で学びたいものです。

ではどうすれば、自発性を持って学べるのでしょうか。

オススメは

「遊び心を持つこと」です。

楽しいことであれば、どんなものも、前のめりに自発的に動けるようになります。

つまり、遊ぶように学ぶのです。というのも、遊びとは本質的には自発的なものだからです。

遊ぶ心構えで何事にも取り組めば、何でも楽しくなるのです。

学んだものを身につけるために、常に活かしていきましょうという話をしている訳ですが、これも他人から強制されると嫌気がさしてきます。

たとえば上司に、

「お前、この前の講習会で学んできたんだろう？　なんでそれを活かさないんだ。いつでも活かせばいいじゃないか！」

などと言われると、反発する心が生まれます。「絶対に活かすもんか！」などと思うかも知れません。

一方、楽しむためにやる、面白いからやるという状態になれば、反発心も生まれることはありません。生真面目に狭い視野で考えず、遊び心を持ってゆったりと構えていつでもどこでも活かしてみたいものです。

たとえばパワーポイントの講習会に行ったとしたら、仕事に限らずやたらとどんなときでもパワーポイントを活用してみます。

飲み会の企画、ドライヴ・デートの計画に活用したり、旅行の記録、議事録などをスライドショーにしてみたりするといった具合です。

学びを活かす場面をたくさん見つけて、いつでも活かすのです。遊び心で探していけば、活かせる場面はいくつも見つかるものです。

SECTION3

普段から自分の心に質問する

いざというときには気分で判断する

判断を迫られる場面は突然やってきます。準備できる場合は結構ですが、そうでないこともあります。すぐに判断しなければならないときには、あなたの気分を確認してみてください。

「なんか嫌な気分がするな……」

そんなふうに感じた場合、止めたほうがいいでしょう。逆に、

「お、なんだかワクワクする！」

そのように感じるならば、行動に移しましょう。

気分は、全身で捉えた無数の情報の集積です。判断に時間をかけられないならば、気分を手がかりに判断すれば、大体間違いありません。これまでのあなたの人生でも、なんか嫌な気がすると思ったものは、結局良い結果をもたらさなかったのではありませんか。

もちろん、気分で判断して、思った通りでないということもあるでしょう。しかし、判

断をストップしてしまって停滞するよりは、気分で判断して前に進んだほうがよほどいいのです。ダメなら引き返す。良ければ早くスタートできたということになるからです。

あなたの人生の本質は何か

咄嗟《とっさ》に判断しなければならないときには、気分に基づいて決断すればいいのです。しかしどうせ咄嗟に判断しなければならないときが来る可能性があるとわかっているならば、日頃から判断の基準を明確にしておくことが重要です。

判断の基準がハッキリしていれば、ブレずに決められます。判断を迫られていないときにこそ、自分の判断基準のメンテナンスをしておきましょう。

判断基準のベースとなるのは、人生の本質に関わるものやことです。

- **生まれてきた意味は何か?**
- **自分の使命とは何か?**
- **人生の目的は何か?**
- **生きがいとは何か?**

CHAPTER 05

・志は何か？

そのような問いかけに答えていくことで、あなたの判断基準は明確になっていきます。

「そんなことを言っても、生まれてきた意味とか自分の使命なんてわかりませんよ！」

そのように感じる人がほとんどだと思います。

その通りです。私たちは、「生まれてきた意味」とか「自分の使命」、「人生の目的」や「生きがい」などというものは、あらかじめ定められてなどいないのです。むしろ、誰かに決められていたら、困ります。

だからこそ、**日頃から本質的なことを考えておく**のです。時間のあるときに自分基準の幸せをアップデートしておきましょう。

本質的なことは日本語で考える

本質的なことを考えるときには、借り物のカタカナ用語で考えないことです。たとえば「自分のミッションとは何か？」「今のタスクは何？」などと自問自答しないのです。

もしもあなたが英語に精通していて、「ミッション」とか「タスク」と聞いただけで、意味の広がりを感じられるならば大いに結構です。そうであれば、あなたのまさに「mission」や「task」を考えていただけば良いのです。

しかし、多くの日本人にとって、たとえば「ミッション」という言葉の意味合いを肌身に感じられる人は少ないと思います。宣教師達がミッションと呼ばれ、「未開」の地に赴きキリスト教を布教してきたことや、キリスト教系の大学がミッション・スクールと呼ばれることなどを想起した上で、自分のミッションを考えることなどするでしょうか。多くの方にとって、人生の意味を考える時にミッションという言葉を聞いても、その本来のニュアンスを感じとることはほとんどないと思います。

ぴんとこない言葉で人生を考えることほど不毛なことはありません。頭と心と体に響かないカタカナ用語を使っているうちに、自分の人生自体が薄っぺらくなってしまいます。

カタカナ用語で考えないのであれば何で考えるのが良いのでしょうか。

それは簡単なことです。日本語で考えれば良いのです。わざわざ外来語を持ってくる必要はありません。

「ミッション」のかわりに、使命とか天命、志、さだめ、運命、生まれてきた意義や意味、人生の価値、生きがい、やりがい、貢献、役に立つこと、理念、目的、指針、方針などの

CHAPTER 05

言葉を使えば、頭も心も体も反応しませんか？　日本語であれば、言葉の背後に広がる意味の連鎖を感じ取ることができます。

多くのビジネス書に出てくるようなカタカナでは、私たちの胸は打たず、心も動きません。

行動の基準を明確化するために日頃から本質的なことを考えようとするならば、カタカナではなく日本語で考えるようにしましょう。それを続けていくと、自分に軸が通ってくるとともに、他人にも響く言葉が使えるようになります。

SECTION4

使わない知識・情報はどんどん手放す

古い情報を手放す勇気を持つ

新しい情報を入れるためには、古い情報を手放すことが重要です。手放すということは「忘れて放っておく」「積極的に捨てる」と言い換えてもかまいません。

本や書類など物として蓄えている場合、捨てるなり売るなりして手放しましょう。新しいものを入れるためのスペースを確保しないと、新しいものが入ってきません。

日本には年末に大掃除をして新年を迎えるという習慣がありますが、とても合理的です。旧年中の古くなったものを整理するからこそ、新しい年を迎え入れることができるのです。この考えを援用して、年が改まるタイミング以外にも、新しいことにチャレンジしようとか、新しい環境に入っていくときなど、節目にあたったときには、それまでの古い情報を整理する時間を持ちましょう。

整理する時間を定期的に持つのもいいでしょう。

毎月一度は整理する。毎週末整理する。パソコンを購入するときに必ず情報の整理を行う。部署を移動したら、または転職したら整理する。

情報はとにかく溜まっていきます。生きてきた年数分溜まっていきます。こまめに、定期的に情報の整理を行うようにしておくと、新しい情報が入って来やすくなります。

ただし、古い情報だとしても、生涯を通じて追究しているテーマであるならば、おそらくあなたは手放すことができないはずです。それはそのあなたの感覚を信頼して、手元に置いておいてかまいません。あなたがあなたらしくなれるために行動すればいいのです。どうしなければならないわけではありません。

私自身、会社を退職して独立した頃に、新しいことを始めるために断捨離だと勢い込んで、いろいろ捨てていきました。

当時お片付けコーチをしていた大平朝子さんのセミナーを受けたあとだったので、捨てる順番があると聞き、まずは洋服から捨てていきました。

その次に本を捨てはじめました。まとめて古本屋に売ったりしましたが、かなり残ってしまいました。

「今でも心が躍るのか？　ワクワクするか？　ときめくのか？」

そんなふうに自問自答したのですが、どの本を手にとっても胸が躍ってしまうのです。大量の本が残ってしまい、これで良いのだろうかと心配になりました。しかし、その後、著作を発表するようになり、それらの大量の本が資料として活かされる道が出てきました。今思えば、自分の感覚に従って捨てなくて良かったと思います。長期的な著作活動のための資料であるため、断捨離する必要はなかったのです。

自分の胸に聴いてみて、手放せると感じられるならば手放せばいいのです。どうしても手放せないと感じているのならば、手放さなくてもいいのです。あなたがあなたらしく活躍するための整理なのです。誰かに評価されるためではありません。

先入観を取り払って変化に敏感になる

知識や情報、学習についての新陳代謝を行うには、変化に敏感になることが大事です。変化を見つけることができれば、そこに注目すると、変化が大きくなっていきます。変化に気づき、取り入れるべきものと手放すべきものとが見えてきます。

新しいものと古いもの、取り入れるべきものと手放すべきものというのは、あらかじめ明確に区別できるものではありません。その「知識や情報」と自分の今の「環境」、自分

CHAPTER 05

の「状態」。この3つの関係如何によって、取り入れるべきか手放すべきかが決まるのです。

たとえば、古典的教養などというものは、これまでに触れたことのないものであれば、あなたにとってそれは新しいものです。あなたの状況如何によって、まさに今学ぶべき事柄にもなり、特段必要のないものにもなります。

最先端の知識や情報についても同じです。いかに新しかろうと、あなたの状況如何によって不要なものもたくさんあります。

あなたにとって何が重要であるのかが明確であれば、それらの区別は難しくありません。自分にとっての重要度を明確化するためには、自分の感覚に素直になることです。

感情を否定せず、自分の思考を否定せずに受け入れることが大事なのです。あなた自身が知識や情報を選別するフィルターになったとしたら、あなたは感じるまま、考えるままに取捨選択していけばいいのです。

自分の感覚に素直になった上で、私たちが見逃してはならない変化とは何でしょうか。

まずもって前向きな変化です。改善やもっと良くなる変化です。学んだ知識を結果に変えるためにも、自分と世界をより良くするための変化に敏感になる必要があります。

そのためにはなるべく先入観を取り払いましょう。

「思い込み」や「決めつけ」をしていくと、自分の素直な感覚による選別がうまく機能しなくなります。

たとえば長年つきあっている人についてよく知っているということは何も悪くありません。ただし、「あの人はこういう人だ」と決めつけてしまうと、重大な変化を見過ごす可能性が高まります。

『三国志演義』には、呉の国の勇猛果敢ではあるが無学であった呂蒙《りょもう》という武将が出てきます。貧しい家に生まれ、教養のなかった呂蒙を見るに見かねて、孫権は「学問を身につけてはどうか」と促します。

呂蒙は発奮しました。学を身につけ衆目を驚かした彼の言葉が「士別《しわか》れて三日なれば、即ち更に刮目《かつもく》して相待《あいたい》すべし」でした。努力して自ら見識を高めている人ならば三日もすれば見違えるようになっているものだ、という意味です。

かつて印象に残らなかった人でも、今ではめざましい活躍をしている人もいれば、かつては飛ぶ鳥を落とす勢いだった人が、再び会ってみれば肩を落としているなんてこともあります。人こそ常に変化しています。先入観をもって相対すると間違ってしまうこともあるのです。

そのため夢実現コーチングの現場では、常に先入観を取り払い、心を真空状態にしてお客様との対話に臨みます。

「前回ああ言っていたから、きっと今日はこんな話になるだろう」などと勘ぐったり、「この人はあれが苦手だから無理だ」とか「以前関心がないと言っていたからこのことは興味がないだろう」などと決めつけたりをしません。

必ず人は変化しています。

今の今、目の前のお客様がどう感じ、何を考えるのかは虚心坦懐に受け止めるのです。

そうすれば、わずかな変化にも気づくことができます。

不易と流行を意識する

すぐに陳腐化してしまう知識ばかり仕入れていると疲弊してしまいます。陳腐化してしまう知識は、変化し流れ去ってしまうので「流行」の知です。

一方、一度学ぶと長持ちする知識は、「不易」の知です。一度学ぶと長い間もつ不易の知識はないものでしょうか。

ないわけではありません。たとえば古典や歴史の知識です。

古典とは何かという定義は難しいですが、簡単にするならば時代を経て生き残ってきた物やことであり、これまでに先人達が読み継いできたもののことです。多くの人が読み継いできたからこそ、生き残っているものであり、私たちの文化の中にそれらの影響が及んでいるもののことです。書籍もあれば芸術もあります。

古典の歴史をたどればそれは伝統の歴史でもあります。現在の土台でもあるものです。現在を知るために、土台を知ることは欠かせません。土台を知るために古典を読むのです。

幸い日本にはたくさんの古典があります。日本人の民族と心の源を知るためには『古事記』や『日本書紀』は欠かせません。7世紀後半に皇室や貴族のみならず民衆からも広く集められた歌集である『万葉集』など、当時の世界を見渡しても誇って良いことです。世界的な文学でありながらそれが平安時代に書かれた『源氏物語』なども高校時代に触れたことがあるでしょうが、改めて読んでみると新たな発見があるはずです。

最新情報（流行の知）を追いかけて学ぶのは、自分の知識をアップデートするためです。
古典や歴史（不易の知）を学ぶのは、自分の知識をアップグレードするためです。

知識を最新の状態にすることと認識の水準を引き上げることはどちらも大切です。不易の知と流行の知をともに学んで知識と知恵の新陳代謝を促進していきましょう。

スキル型学習は陳腐化しない

知識は簡単に陳腐化しますが、スキル型の知識はなかなか陳腐化しません。たとえば語学、論理思考、統計学、マーケティング技法、ファシリテーション、コーチング、カウンセリング、タッチタイピング、自動車の運転など、一度身についてしまえば、いつでも再現できる能力となります。使えば使うほどその技能は磨かれていきます。

ただし、陳腐化はしませんが、技量が落ちるということはあります。その技能を使わないことによって、腕が落ちる場合です。語学などずっと使っていないと、単語や表現を忘れていってしまいます。

スキル型の学習は、使い続けるということがとても大事です。

SECTION5

今のあなたを活かす

ここまで本書をお読みになってきたあなたは、きっと向上心が高いのでしょう。学びを活かして「結果」を出したいという思いも強いのだと拝察します。

ただ学んで楽しいというだけでは満足できない方なのですね。きっとこれまでにも多くのことを学んできたに違いありません。

「いやいや、全然学んできていません。これからもっとしっかり学んで『結果』を出していきたいんです！」

そんなふうに感じていますか？　そんなふうに感じるのであればなおのこと、実は気づいていないだけです。これまでの人生で身につけてきたことを振り返って洗い出してみてください。今すでに活かせるものを見つけてください。

学びとは、未知の情報や知識や技能を取り入れて、自己に統合することです。学ぶと同時に自分は変化してしまっているのです。多くの方は、すでに学んだことをなぜか当たり前のこととしてしまって目を向けません。統合されてしまっているので、現在の自分と分かちがたく結びついているから変化に注意が向かないのです。

たとえば、あなたは日本語を流暢に操るでしょう。しかし、そんなことは当たり前だと思っていませんか？

外国生まれの人にとって日本語は未知の言語です。そんな方と比べてみれば、すでに日本語を身につけているあなたは大いに優位です。英語圏に生まれた外国人が日本に来て英会話教師になれるのは、その普通に使える英語能力を活かしているだけのことです。

たとえば、折り紙という文化がない国で、あなたが鶴を折って見せたらどうでしょう。きっと驚かれるでしょう。そういったことはいくつもあるのです。

箸が使える。地元や地域のことに詳しい。日本の芸能事情に詳しい。日本のアニメを何年もリアルタイムで見てきた。日本文学をたくさん読んでいる。日本映画に詳しい。相撲に詳しい。

日本を知りたい外国人にとっては、うらやましがられるようなことばかりではありませんか。

あなたは、すでに誰かの役に立てるのです。

あなたのあるがままの姿を求めている人が世界にはたくさんいます。

あなたがあなたらしく生きるだけで、すべてを活かすことができ、結果を出せるのです。まずは現在のポテンシャル（潜在的な能力）を十分に実感してください。心理現象の法則から言えば、注目して指摘したところは増大します。あなたがすでにできているところに注目して自ら指摘すれば、すでにできているところが増大します。

その上で、学びましょう。新たな学びはあなたの中で統合していきましょう。学びを統合していけば、あなたの行動は統合された、新しいあなたの行動になります。そうすればあなたはあなたらしく生きるだけで「結果」を出すことができます。

活かすということは、生命エネルギーを活性化させるということです。自他共にエネルギーのままに、活き活きと生きる状態にするということです。

あなたが学習のみならず、人を活かすこともできれば、誰もが自分らしく生きていくことができます。

誰もが活き活きと活動している状態。それこそイカしているのです。活かすとイカすのです。

とにかくどんな経験も学習も溜め込まずに活かしてしまいましょう。どんどん活かして、もっともっと世界を豊かにしていきましょう。そのための「アウトプット習慣」なのです。

世界の豊かさは、あなたの行動にかかっています。学びを活かして、あなたの人生と世界を活かし無限の可能性を「今、ここ」に解放してください。

むすびに

最後までお読みくださり、誠にありがとうございます。

本書がこのようにできあがったのも、多くの方の力をいただけたからでした。

今回、全面的にサポートしてくださった鹿野哲平さん、株式会社ハート出版の佐々木照美様、日髙裕明社長に心よりお礼を申し上げます。

そして、武道および人生の師である大宮司朗先生（大東流合気柔術　玄修会）、ヘミシンクの第一人者である坂本政道さんはじめ、アクアヴィジョン・アカデミーのヘミシンクトレーナー芝根秀和さん、小島由香理さん、大野光弘さん、高柳美伸さん、笠原園代さん、山口幸子さん、尾方文さん、西宏さん、吉田公明さん、津蟹洋一さんほか森田菊野さんはじめスタッフの皆さん、モンロー研究所の Franceen King さん、コーチングの師匠である平本あきおさん、プロセスワーク研究会の富士見ユキオさんと岸原千雅子さん、メキキの会の出口光会長、私のコーチである大平信孝さん（株式会社アンカリング・イノベーション代表）、山元賢治さん（株式会社コミュニカ代表）、ミャンマーのみならず世界で活躍し続けている、すわじゅんこさん（シンガーソングライター)、マルチな才能をもったミュージシャンの那須仁さん、世界で活躍するボーカリスト誉恵留さん、mamiさん、スペインを拠点に活動するNynnさん、セラピストの小林政彦さん(Re Koba代表)、古神道修道士の矢加部幸彦さん(『神ながら意識』著者)、小説家の紫生サラさん、真木みき子さん(ギャラリー銀座一丁目)、PLUS時代からお世話になっている全プラス労働組合初代委員長武中正次郎さん、紙谷正之さん、髙田慎一さん(プルデンシャル生命保険株式会社)、講談師の田辺凌鶴先生、池山千尋さん、和田清香さん(Kurikiyo Design & Art代表)、アメイジングフレンチを主宰し多分野にまたがるプロデューサーである日吉瑞己さん、人の心を動かすライター松田優さん、イラストレーターの津田薫さん、山﨑浩美さん(ヒーリング・アーティスト)、三浦将さん(株式会社チームダイナミクス代表)、中島輝さん(国際コミュニティセラピスト協会)、姿勢治療家®の仲野孝明さん(仲野整體院長)、美崎栄一郎さん(株式会社戦国)、スーパービジネスマン濵畠太さん(大東建託株式会社)、自分売り出しプロデューサーの宮脇小百合さん(株式会社寿守)、「5分会議」を活用した人材育成家の沖本るり子さん(株式会社CHEERFUL)、経営者専門のコーチ椎名美智子さん(株式会社シーナビジネスコンサルティング)、小説家ののまみちこさん、料理研究家の中本ルリ子さん、愛媛は松山の人財育成コンサルタント横関裕さん、林敬人先生、丹生谷勝さん、学生時代からつきあいのある竹原浩さん、原口悟史さん（カイロプラクティック原口）、オフィス労協以来お世話になっている田中浩一さん（コクヨ株式会社）、労組時代からお世話になっている高濱厚巳さん（合同会社ユニオンサポートプランニング）、在日ビルマ人を長く支援している田辺寿夫さん、ＢＲＳＡのU HLA TIN TUNさん、MAUNG YAN SHIN MOEさん、MA KHIN HTA WAIさん、KYU KYU SANさん、MOE SANDERさん、AUNG KO OOさん、熊切拓さん、野上俊明さん、川村淳一さん、峯田史郎さん、神田活彦さん、下形美穂子さん、すでにミャンマーに帰国されたTHET AUNGさん。また「ミャンマー料理を食べながら夢と希望をシェアする会」でお世話になっている山田千央さん、MIMI TIN TIN HTWEさん（グレースミャンマー株式会社・豊島区北大塚）、MOMO HTUNさん（ミャンマーアジアレストラン・ゴールデンバガン・新宿区富久町）、KYAW KYAW SOEさん（ミャンマーレストランRUBY・新宿区高田馬場）、ミャンマーの一流アーティストのプロデューサー岩城良生さん（株式会社オフィス良生）、DAVID MAUNGさん（オリエンタルキッチンマリカ・新宿区高田馬場）、ヤンゴンで「平和（な）コンビニ」を経営するMAUNG KYI CHANさん（テットンアウン株式会社）、Breaky KHINさん、AUNG LINさん、CHU PWINT HLAINGさん（Hoshi Japanese Language Center）、ミャンマー観光ガイドのTIN NWE AYEさん、MA HAY

MARさんと落合清司さんご夫妻、日本ミャンマー支援機構のTUN AUNG KHINさんと深山沙衣子さんご夫妻ほかミャンマー人の皆さん、松永克平さん（五洋建設株式会社）、アジア各国で活躍するバンドGypsy Queenの戸村しのぶさんと秋山岳久さんと伊藤雅昭さんそしてPutimetalのviviこと杉山彩香さん（川上産業株式会社）、八王子から世界に向けて愛を放つ亜凛さん。皆様に深く感謝の意を述べたいと存じます。ここにお名前を挙げきれないほど多くの方のお世話になってこの本はできあがりました。重ねて感謝申し上げます。

そして株式会社Gonmatus所属の夢実現応援コーチ各位、橋本弥司子さん（あどわいず代表・開運スタイリスト・「魂が悦ぶ®出版講座」講師）、尾脇優菜さん（夢実現メンタルコーチ）、物部よしひろさん（臨床心理士。Premda Counseling room代表）、和夏さん（魅力引き出しプロデューサー）にはともに悦び、笑い合う日頃のご支援・ご協力に心より感謝しています。

さて、本書があなたの人生を変えるために「学び」を「結果」につなげるために「学び」をどう活かせば良いのかについて、少しでも理解を深めていただければ、これに勝る喜びはありません。「アウトプット習慣」は必ずあなたの世界を変え、夢の実現を加速させると信じています。

本書のご感想やご意見、実践したこと、チャレンジしたことなどをお気軽にご連絡いただけたら、天にも昇るほど嬉しいです。

あなたからいただくメールは、私の今後の活動を支えるエネルギーです。あなたの率直なご感想を心よりお待ちしています。

あなたの今後のますますのご活躍とご健康とご多幸を心よりお祈り申し上げます。

平成29年4月吉日

夢実現応援家® 藤由　達藏
メールアドレス：gonmatus@gmail.com
藤由達藏オフィシャルページ http://kekkyoku.jp/
本書関連特典無料動画申し込みページ　http://kekkyoku.jp/ikasu/

藤由 達藏 （ふぢよし・たつぞう）

夢実現応援家。株式会社 Gonmatus 代表取締役。

「人には無限の可能性がある」をモットーに、作家・シンガーソングライターから経営者・起業家・ビジネスパーソン、学生・親子まで幅広い層に、夢実現の個別対話や対話型研修、創造性・才能開発のワークショップを提供している。

1991 年早稲田大学卒業後、文具・オフィス家具メーカー PLUS に入社。全プラス労働組合委員長として、労働組合活動にコーチングの要素を取り入れ、組合員に対するセミナーの講師を務める。

2013 年 9 月、独立。チームフロー（代表・平本あきお氏）スタイルのコーチングを核に、各種心理技法や武術、瞑想法、労働組合活動、文芸・美術・音楽創作等の経験を統合し、独自の「夢実現応援技法」を確立。企業、労働組合、業界団体からの講演依頼も多数。ユーモアを交えて熱く語るスタイルが親しみやすいとの定評がある。

ミャンマーと日本の友好と発展のためにミャンマーに夢実現応援家養成スクールを設立すべく準備中。

著書に『結局、「すぐやる人」がすべてを手に入れる』（青春出版社）、『やっぱり、気分を上げればすべてうまくいく』（朝日新聞出版）など。

株式会社 Gonmatus：http://gonmatus.ocnk.net/

藤由達藏オフィシャルサイト：http://kekkyoku.jp/

本書関連特典動画申込みページ：http://kekkyoku.jp/ikasu/

いつも「結果」を出す人の

アウトプット習慣

学びを「活かす」技術

2017年 5月26日　　第 1 刷発行

著者　藤由 達藏

発行者　日高 裕明

発行　ハート出版

〒 171-0014

東京都豊島区池袋 3-9-23

TEL03-3590-6077　FAX03-3590-6078

http://www.810.co.jp

印刷　中央精版印刷

ISBN978-4-8024-0036-7
